四川工商学院三苏文化特色教材之一

三苏文化精选十讲

钱云华 雷晓斌 著

华中科技大学出版社
http://www.hustp.com
中国·武汉

图书在版编目(CIP)数据

三苏文化精选十讲/钱云华,雷晓斌著.—武汉:华中科技大学出版社,2021.11(2025.7重印)
ISBN 978-7-5680-7607-4

Ⅰ.①三… Ⅱ.①钱… ②雷… Ⅲ.①苏洵(1009—1066)-人物研究 ②苏轼(1036—1101)-人物研究 ③苏辙(1039—1112)-人物研究 Ⅳ.①K825.6

中国版本图书馆 CIP 数据核字(2021)第 224494 号

三苏文化精选十讲

钱云华 雷晓斌 著

Sansu Wenhua Jingxuan Shijiang

策划编辑:曾　光

责任编辑:狄宝珠

封面设计:孢　子

责任监印:徐　露

出版发行:华中科技大学出版社(中国·武汉)　　电话:(027)81321913
　　　　　武汉市东湖新技术开发区华工科技园　　邮编:430223

录　　排:武汉创易图文工作室

印　　刷:武汉邮科印务有限公司

开　　本:787mm×1092mm　1/16

印　　张:8

字　　数:181千字

版　　次:2025年7月第1版第5次印刷

定　　价:36.00元

本书若有印装质量问题,请向出版社营销中心调换

全国免费服务热线:400-6679-118　竭诚为您服务

版权所有　侵权必究

序
Preface

三苏文化在高等院校作为一门课程开设,尚属首次,编写这本教材,如履薄冰,诚惶诚恐。没有经验,没有模式,只有集思广益和博采广集。有幸的是,四川工商学院地处四川眉山三苏故里,有着得天独厚的条件,窃以为其他高校莫及也。这里是三苏文化的源头,有近千年三苏文化沉淀的积累,三苏祠博物馆有丰富的馆藏资料,身边有一批从事三苏文化研究的专家和学者,脚下有三苏文化土壤,天时地利人和,这是编写这本教材的底蕴。

根据《教育部关于深化本科教育教学改革 全面提高人才培养质量的意见》,积极推动高等院校高水平教材的编写,传承发扬中华优秀文化,将地方优质文化写进教材,使地方优质文化走进课堂、输进学生头脑,打造现代高校优质"金课",是《三苏文化精选十讲》编写的主旨。

三苏文化是以苏轼为代表,以三苏父子为主体的政治、经济、军事、文学成就集大成的文化思想,在近千年的传承发展过程中,所形成的文化体系。这个体系的内涵非常丰富,且不封闭,在历史的长河中不断融入新的文化思想,成为中国古代最优秀的文化之一,有极高的社会价值。发扬和创新三苏文化是社会前进的需要,是坚守文化自信的重要举措,也是地方本科院校传承文化义不容辞的责任。在传统的《中国历史》和《中国古代文学史》等教科书中,已经涉及了不少关于三苏文化的内容,但大多数是以三苏的诗、词、文为主体进行学习研究,而对三苏文化、政治、经济、哲学的思想学习和研究甚少。由于历史原因,许多学者在研究三苏文化时,重点停留在代表人物苏轼身上,因为苏轼的影响非常大,形成浓烈的光环,而对苏辙、苏洵在中国文学史上的地位,没有进行应有的充分的肯定,或者说认识不够,在这个视角下,开展对三苏文化思想全方位的、整体性的探索和研究,现在做这方面的尝试,为时不晚。

《三苏文化精选十讲》作为地方性本科院校公共选修课的文本教材,覆盖了所有专业学生对三苏文化了解和认识的需求。因为,三苏文化中的代表人物苏轼是一位大百科全书式的人物,除在诗词文方面有极高的建树外,他的政治态度、思想观念、道德品质、为人处世、身体力行等方面,处处闪耀着质朴人性的光芒,说他是中国古代优秀文化的集大成者,一点也不过分。现代大学生在该门课程的学习中,不论是女性还是男性,不论出身富贵还是贫寒,都可以在苏轼的身上找到自己愉快生活、幸福成长、健康发展的极点坐标。

  对于博大精深的三苏文化,我们也是在探索和学习之中,对三苏文化的研究,永远在路上。地处三苏故里的地方性本科院校,虽然有开设这门课程的一些优势,但不敢确保完全达到预期的教学效果,因此,就课程而言的课本编写,也面临着巨大的挑战。三苏文化传承至今近千年,就古籍而言,有多种版本和注释流行,在引用中如出现个别字词句的不同,请读者海涵和包容,若确实有明显的误漏之处,请予批评指正。在本教材的编写过程中,得到了中国苏轼研究学会专家、眉山市三苏文化研究院院长方永江先生,以及王晋川先生等的指导,在此一并感谢。四川工商学院伍芳芳老师参与了第一讲的写作,戴林利老师参与了第二讲的写作,在此一并说明。本教材尚在试用阶段,经过一段时间的检验,相信会修订得更好。谢谢您,亲爱的读者。

编　者

2021 年 6 月

目录
Contents

第一讲　三苏故里　人杰地灵/1

第二讲　才华横溢　初仕凤翔/14

第三讲　西湖荡舟　诗政芳香/23

第四讲　密州出猎　揽辔澄清/32

第五讲　黄楼丰碑　天下为公/43

第六讲　湖州惊魂　淡定人生/52

第七讲　黄州东坡　横空出世/63

第八讲　惠州儋州　彪炳千秋/74

第九讲　兄弟情义　盖世无双/88

第十讲　千古风流　万卷华章/98

苏轼年谱/110

第一讲 三苏故里 人杰地灵

中华文化源远流长,历史悠久,是中国人民的宝贵精神财富。中华民族能够繁荣昌盛发展到今天,一脉相承,从未间断,得力于中华文化的传承发展和发扬创新。三苏文化(又称苏轼文化、东坡文化)是中华文化中的瑰宝,是以苏轼为代表的三苏(苏洵、苏轼、苏辙)丰富的人生履迹、政治实践、文化创造和师友交游等形成的综合性文化现象,以"奋励当世忠诚有为、报国之心死而后已"为精神标识,融哲学、政治学、历史学、文学、领导学、军事学、经济学、养生学、美学、烹饪学等于一体,既有致君尧舜爱国为民的仁爱精神,又有勇于担当、守正创新的忠敬精神,同时又具有国家富强、社会进步、人民幸福、抱负诉求等时代价值,这种思想文化是在近千年的传承发展和各种文化的相互交融中所形成的新的文化体系。

三苏故里,今四川省眉山市东坡区(古称眉州),位于中国四川西南部,这是一座有着5000年人类文明史,2300年州郡建制史,文化历史底蕴深厚的古城。公元1037年1月8日,三苏文化的代表人物苏轼出生于此。三苏父子的出现,是中华文化发展史上的奇迹,也是历史发展的必然。两宋时期,眉山的文化空前发达,居于历朝鼎盛时期,经当朝文试,考中886名进士,占了成都府路(10多个州)进士总数(1942人)的近一半,史称"八百进士",成为中国历史上著名的"进士之乡"[①]。如果加上现辖眉山市的仁寿县(古称陵州)考上的100多名,共有进士1000多名,堪称"人文第一州"。宋代仁宗皇帝一句"天下好学之士多在眉州",全面阐释了眉州究竟是怎样一个人杰地灵的地方。苏轼进士及第之后在《谢范舍人》中说:"且蜀之郡数十,轼不敢远引其他,盖通义,蜀之小州,而眉山又其一县,去岁举于礼部者,凡四五十人,而执事与梅公亲执权衡而较之,得者十又三人焉"。此事可以说明,有宋以来,科举兴盛,眉山这个地方的文化繁荣空前,一次国考不到五十人中竟有十三人得中,文化沉淀之深,厚积薄发之猛烈势态,可见一斑。著名大诗人陆游[②]曾到眉山,游东环湖、登披风榭,见当地乡村竹院门庭无数"耕读世家",城际乡里私塾书院鳞次栉比,佛庙道堂蔚为壮观,民风民俗厚道高尚,到苏轼老宅拜祭时,遂写有《眉州披风榭拜东坡先生遗像》:

"蜿蜒回顾山有情,平铺十里江无声。
孕奇蓄秀当此地,郁然千载诗书城。"

在钦佩三苏,尤其是敬重苏轼的同时,高度赞扬这座"诗书城"源远流长,德配天地、道冠古今的眉山文化。

眉山文化当世之繁荣,究其历史原因,大致有以下三个方面:

其一,当朝文化兴国,有称"文人的黄金时代"。北宋立朝后,汲取前朝的教训,深知拥兵权重之危害,赵太祖采用"杯酒释兵权"③的手段,轻武重文,武将卸甲,文人登场,鼓励世人读书晋士,皇帝有专门的诗文昭告天下,广开寒门布衣入仕做官的通道,皇帝④有诗:

> "当家不用买良田,书中自有千钟粟;
> 安居不用架高堂,书中自有黄金屋;
> 娶妻莫恨无良媒,书中自有颜如玉;
> 出门莫恨无人随,书中车马多如簇;
> 男儿欲遂平生志,五经勤向窗前读"。

字里行间给当代人的启示就是努力读书,通过考取功名,成就人生事业。这在宋朝是一个重要的国策,贬抑武人参政,建立一个士大夫政治制度,全国地方长官一律任用文臣。国家一时要起用那么多文臣,而宋承五代长期的战乱,一般人都不喜欢读书,书读得好的就更少。所以朝廷为实行既定国策,一方面广开读书人登仕的途径,一方面竭力提倡读书的风气。宋真宗赵恒御笔亲作《劝学篇》,传布天下,这首短短的篇章,一千多年来,迷醉了天下士子,至今仍有很大的吸引力。两宋期间,通过科举考试进入官场乃至高层要员的草根不少。

著名的有欧阳修(公元1007年8月1日—1072年9月22日),北宋政治家、文学家。唐宋八大家之一。字永叔,号醉翁,晚号六一居士。欧阳修家境贫寒,布衣贫民,且幼年丧父,在寡母抚育下读书。宋仁宗天圣八年(公元1030年)以进士及第。曾任参知政事、刑部尚书、兵部尚书等职。

王安石(公元1021年12月18日—1086年5月21日),字介甫,号半山,汉族,临川(今江西抚州市临川区)人,北宋著名的思想家、政治家、文学家、改革家。

张方平(公元1007年—1091年),字安道,号"乐全居士",谥"文定",应天府南京(今河南商丘)人,景祐元年(公元1034年)入仕,北宋著名政治家、文学家。

司马光(公元1019年11月17日—1086年10月11日),字君实,号迂叟。陕州夏县(今山西夏县)涑水乡人,世称涑水先生。宋仁宗宝元元年(1038年),司马光登进士第,北宋政治家、史学家、文学家。

三苏父子苏洵、苏轼、苏辙,其家庭属于社会底层的手工作业者。他们有一个共同点,即以文入仕,步入政界,既是文坛领袖,又是政坛重臣,受到了文人的最高待遇。

从宋代开始,科举考试便做到了不论出身、贫富均可参加。这样不仅拓宽了当朝政府选拔人才的基础,还让处于社会中下阶层的知识分子有机会通过科考向社会上层流动。这种政策对维持整体社会的稳定起了相当大的作用。据统计,古眉州在宋朝考入的800多名进士之中,接近一半是祖上没有读书或有读书但未做官的"寒门"出身。但只要他们能"一登龙门",便自然能"身价百倍"。历年来千万莘莘学子,俯首子牛,目的就是希望读书通过考试能一举成名,进入仕途,光宗耀祖。古眉州的私塾、书院、家学四起,与广大读书群体的需求有很大的关系,同时也为眉山文化繁荣发展起到了重要的作用。

其二，眉山属川西平原岷江流域地带，与成都一衣带水，文化源远流长。古蜀先民在4500年前，就在成都平原上创建了作为蜀文化源头的新石器时代晚期文化——"宝墩文化"⑤，即流传至今的内陆农业文化。唐代始，儒家文化盛，道家文化兴，佛教文化起，各种文化包容，齐头并进发展，一直沿袭到宋。眉山是蜀地主要产粮区，自然条件好，人文素质高，经济繁荣，市场兴旺。唐朝起，眉山是佛教传经布道的好地方，鼎盛时期，境内寺庙多达近百处，而且有一个特色，许多寺庙道观内附有书院学坊，最有名的是青神中岩寺书院，书童逾百人，书院主持人王方之女王弗，即是苏轼在该书院求学时所识所恋所姻。到宋朝，皇帝下旨供奉赵太祖，各地兴建"天庆观"⑥，眉山所建"天庆观"规模之宏伟，建筑之豪华，令人叹为观止。该"天庆观"居城中闹市区，也附有书院在内。苏轼、苏辙启蒙时所拜的私塾老师，就是"天庆观"内的知名道士张易简。这些寺庙和道观的雕塑、壁画、匾额、说唱故事、念佛诵经等，在传经布道中释放了很多文化信息，眉山人民浸润在这种氛围中，耳濡目染，潜移默化，成熟于心，汲取了不少文化知识，修养自身。

眉州较早开办书院是在唐开元年间（公元713—714年），本地人孙长孺自建书楼，集藏书、研经、讲学为一体，以其"藏书甚丰"而闻名于世，尔后，唐僖宗题名"书楼"二字赐予，自此孙氏书楼名扬天下，各地学子仰慕不已。其后人孙辟继承先祖遗志，于宋天圣初年（公元1023年）重修书楼，扩大了规模。该书楼不仅藏书供世人开放阅读，而且兴办山学，广纳天下游学之士，切磋交流，一时间，眉山读书人研习经史子集，蔚然成风。

青神中岩书院，位于四川省眉山市东坡区（古眉州）东南顺岷江下游15千米处，依山傍水，毗邻岷江小三峡。青神古称青衣国，以崇拜奉祀蚕丛氏"青衣而教民农桑，民皆神之"得名。一说因古蜀国王蚕丛，曾衣青衣以行蚕事，蜀人神之，故名青神。据《今县释名》记载："昔蚕丛氏衣青衣以勤农业，西魏置青衣县于此，有青神祠，即青衣神。"唐朝所建中岩寺，早期为佛教圣地，是十六罗汉之第五罗汉"诺巨那尊者"道场，其佛法宏大，古与峨眉山齐名，有"先有中岩，后有峨山"⑦之说。傍岷江东岸，分上、中、下三寺，统称中岩，面积约5平方千米。中岩书院由本地人乡贡进士王方所办，并自任主持，苏轼年轻时曾经在此读书三年，主要学历成就于此。此地是苏轼初恋的地方，王方之女王弗，即苏轼结发之妻。唐时，大诗人李白游历于此，著有著名的《峨眉山月歌》："峨眉山月半轮秋，影入平羌江水流。夜发清溪向三峡，思君不见下渝州"。宋时，范成大、陆游等来过此处。现存有摩崖石刻苏轼手书"唤鱼池"三字，以及后人所建东坡读书楼等。

巽崖书院，位于四川丹棱县（古眉州），在眉山市东坡区西南约10千米处。宋绍兴初进士李焘始建于城北龙鹄山麓，作读书讲学著述之所。主持人李焘（公元1115年—1184年），字仁甫，一字子真，号巽（xùn）岩。眉州丹棱（今四川省眉山市丹棱县）人。著名历史学家、目录学家、诗人，唐太宗第十四子曹王李明之后。

宋绍兴八年（公元1138年），李焘登进士第，授成都府华阳县主簿，未就任，于丹棱龙鹄山读书。至绍兴十二年（公元1142年）秋，李焘始赴任。其后历官州县及朝廷史职，宋孝宗朝仕至同修国史。李焘以名节、学术著称，长于吏治，关心民瘼，但终未获大用。淳熙十一年（公元

1184年),以敷文阁学士致仕,不久后逝世,年七十,追赠光禄大夫,赐谥"文简"。累赠太师、温国公。

李焘主持书院期间,聚教书育人、学术研究、著书立说于一身,他博览典籍,学富五车,经史子集,无不精通,才华横溢,著作等身。著有《巽岩文集》《四朝通史》《春秋学》等五十多种,大多失佚。今存《续资治通鉴长编》五百二十卷、《六朝制敌得失通鉴博议》十卷、《说文解字五音韵谱》十卷,清代皆编入《四库全书》。原有诗文集五十卷,今已佚,《两宋名贤小集》《全宋诗》等录有其诗。

眉州象耳书院,据《方舆胜览·眉州·磨针溪》记载,眉州象耳书院在眉州象耳山下(眉山城北约2500米)。世传唐代李太白读书山中,未成,弃去。过小溪,逢老媪方磨铁杵,问之,曰:"欲作针。"太白感其意,还卒业。媪自言姓武,今溪旁有武氏岩。

眉州修文书院,距眉州城西7.5千米处修文山中,北宋初年著名的政治家、文学家田锡曾就读于此。此书院部分遗址尚在。

眉州除去一些小有名气的书院外,还有大量的私塾,私塾的规模较之书院而言相对小一些,但不仅在城里有,还遍布各乡镇村里。眉州在宋代是一个农耕城市,自然条件较好,土地肥沃,农业生产得力于都江堰自流灌溉,人们通过劳动,自给自足,丰衣足食是基本生活常态。在宋之前,蜀地较封闭,少有大规模战争和瘟疫肆行,人们基本可以安居乐业,有条件的家庭,第一要务就是培养后代读书,读书做官成为眉州人的一张名片,就宋朝而言,府中做官的眉州人占据近半个宋廷,《宋史》中有大量记载,在苏轼和唱送行相赠的诗文中,亦可见一斑。

苏轼在《眉州远景楼记》中说:"吾州之俗,有近古者三。其士大夫贵经术而重氏族,其民尊吏而畏法,其农夫合耦以相助。盖有三代、汉、唐之遗风,而他郡之所莫及也。

始朝廷以声律取士,而天圣以前,学者犹袭五代之弊,独吾州之士,通经学古,以西汉文词为宗师。方是时,四方指以为迂阔。至于郡县胥史,皆挟经载笔,应对进退,有足观者。而大家显人,以门族相上,推次甲乙,皆有定品,谓之江乡。非此族也,虽贵且富,不通婚姻。其民事太守县令,如古君臣,既去,辄画像事之,而其贤者,则记录其行事以为口实,至四五十年不忘。富商小民,常储善物而别异之,以待官吏之求。家藏律令,往往通念而不以为非,虽薄刑小罪,终身有不敢犯者。岁二月,农事始作。四月初吉,谷稚而草壮,耘者毕出。数十百人为曹,立表下漏,鸣鼓以致众。择其徒为众所畏信者二人,一人掌鼓,一人掌漏,进退作止,惟二人之听。鼓之而不至,至而不力,皆有罚。量田计功,终事而会之,田多而丁少,则出钱以偿众。七月既望,谷艾而草衰,则仆鼓决漏,取罚金与偿众之钱,买羊豕酒醴,以祀田祖,作乐饮食,醉饱而去,岁以为常,其风俗盖如此。故其民皆聪明才智,务本而力作,易治而难服。守令始至,视其言语动作,辄了其为人。其明且能者,不复以事试,终日寂然。苟不以其道,则陈义秉法以讥切之,故不知者以为难治"⑧。

在传统文化的影响下,古眉州人民在日常生活中,文化风味非常浓厚,在城镇茶楼酒肆桌上,一般的人都能说个四言八句,广大农村农户家中,案上大都存有历书、农书、药书等,苏轼在《和子由踏青》诗中,曾描绘:

"东风陌上惊微尘,游人初乐岁华新。
人闲正好路旁饮,麦短未怕游车轮。
城中居人厌城郭,喧阗晓出空四邻。
歌鼓惊山草木动,箪瓢散野乌鸢驯。
何人聚众称道人,遮道卖符色怒嗔。
宜蚕使汝茧如瓮,宜畜使汝羊如麇。
路人未必信此语,强为买服禳新春。"

苏辙也有《踏青》诗:

"江上冰消岸草青,三三五五踏青行。
浮桥没水不胜重,野店压糟无复清。
松下寒花初破萼,谷中幽鸟渐嘤鸣。
洞门泉脉龙睛动,观里丹池鸭舌生。
山下瓶罂沾稚孺,峰头鼓乐聚簪缨。
缟裙红袂临江影,青盖骅骝踏石声。
晓去争先心荡漾,莫归夸后醉纵横。
最怜人散西轩静,暖暖斜阳著树明。"

苏轼和苏辙都以强烈的情感和朴素的语言,回忆并描述了古眉州人每年开春踏青的热闹场面。这两首诗不但内容充实,富有浓郁的生活情趣,而且在艺术上以平易自然见长,风格清新,语言朴素,形象生动。对农耕时代生活富裕、乡风乡俗朴素,人民热爱生活的文明情怀,给予了高度的赞扬。

南宋文学家范成大在四川生活了一段时间,游历了蜀地大部分地区,返吴时写成一部旅游日记《吴船录》。有这样一段记载:"午后,至眉州城外江,即玻璃江也。冬时,水色如此。方夏凉,怒涛涨,皆黄流耳。江上小山名颐蝶,川原平远,似江浙间。城中荷花特盛,处处有池塘,他郡种荷者皆买种于眉。遍城悉是石街,最为雅洁"。用细腻的笔触描绘了古眉州城的山川景物,城池干净洁雅的文明程度。

明朝冯梦龙在《醒世恒言》中也有相应的记载:"四川眉州,古时谓之蜀郡。又曰嘉州,又曰眉山。山有蝶颐、峨眉,水有岷江、环湖,山川灵秀,钟于人物"。这些都足以证明古眉州是一座钟灵毓秀、人杰地灵的风水宝地,出现三苏这样的旷世人才,是历史的必然。

其三,眉州的人文文化,在历史上应该着墨大书。历任眉州地方官皆是饱学之士,既能行政,又文采飞扬。

史上记载,苏轼的前辈苏味道(公元648—705年),唐代政治家、文学家,九岁能文。唐中宗时为眉州刺史,与杜审言、崔融、李峤并称为"文章四友",与李峤并称"苏李",作诗严守格律,工整对仗,文风严谨,在当时有较大的影响,对推动唐代律诗的发展功不可没。其《正月十五夜》(一作《上元》),咏神都洛阳元宵夜花灯盛况,为传世之作。原有集,今佚。苏味道诗作五律甚多,《全唐诗》录其诗16首。后卒于眉州,留有后裔在眉州。

黎希声(生卒不详),北宋著名经学家,渠县人(今属广安花桥)。宋庆历癸未(公元1043)登进士第,熙宁八年(公元1075)至眉州,后官至朝议大夫,一生致力经学,中进士后曾留开封作侍讲,在人才云集的北宋京师中名噪一时,众多学士均视其为"大儒"。其在眉州任职期间,"能顺应民风民俗,充分发扬宽简清静的政治。处事简约,为人斯文,刚直而仁义,明察而不苛刻,民众认为他很容易相处。在他任满将要被人替代时,士民都不愿让他离去,争相挽留他,皇上同意了眉州士民的请求。他在眉州留任了三年,民众更加信赖他,官民相安无事"。

眉州本土人田锡在宋代初年也有过相当的影响。田锡(公元940年—1004年),初名田继冲,字表圣。嘉州洪雅(今属四川眉山市洪雅县)人,北宋初期著名谏臣,政治家,文学家,曾祖父、祖父均为名士。太平兴国三年(公元978年)登进士第,官至右谏议大夫。在宋初的政坛和文坛享有较高的声誉,深为宋初士大夫所景仰。卒于宋真宗咸平六年十二月(公元1004年1月),年六十四,累赠司徒。田锡在政治上以敢言直谏著称,同时又是一位革陈推新,影响后世深远的文学家,被称为宋代文学的开拓者和奠基人之一。著有《咸平集》五十卷,《宋史》卷二九三有传。

田锡幼时即聪颖过人,在村后九龙山灵池发奋读书,年少时求学于县城西北五里的修文山中书院,未及而立便扬名蜀中,洪雅附近的峨眉县令杨徽之,犍为县令宋白与他结为忘年交,诗文唱和引为高山流水,并为之延誉。在今天罗坝镇南约5千米的阿吒山上,有田锡启蒙读书之处,被宋真宗赐名"科甲名山"。昔日田锡读书时的读书楼遗址、洗墨池、乳泉仍保存完好。

田锡三十岁后游学长安,与后为翰林学士、官至礼部侍郎的韩丕同于长安白鹿书院、河南嵩山太乙书院刻苦攻读,终于在太平兴国三年(公元978年)一举登胡旦榜第二名,进士榜眼及第,真可谓"一举成名天下惊"。

田锡由榜眼入仕后,历任左拾遗、河北转运副使、右谏议大夫、史馆修撰等职。田锡在政治上以敢言直谏著称,即使是在被贬寂寥时,其好言时政缺失的秉性也不因此稍改,依然秉笔直书,勤谏不讳,把"文死谏、武死战"这一古训发挥到了极致。在25年的政治生涯中,田锡历仕太宗和真宗二帝。宦海沉浮二十五年以"谏"闻名,德高望重,满朝颂服。咸平六年十二月十一日(公元1004年1月5日),田锡病逝后宋真宗阅其遗表后深感遗憾,对宰相李沆说:"田锡直臣也。朝廷少有缺失,方在思虑,锡之奏章已至矣。若此谏官不可多得,天何夺之速乎!"范仲淹亲撰《墓志铭》曰:"呜呼田公!天下正人也。"苏轼在《田表圣奏议序》中,称田锡为"古之遗直也"!

眉州文化群的概念,内涵是相当丰富的。距眉州城北10千米地的彭山区,是"寿星之祖"商朝大夫彭祖文化的发源地。彭祖(自尧历夏至殷末,生卒年月不详),又名钱铿,出生并死葬于今四川省眉山市彭山区(古眉州)的彭蒙山。据传他活了800多岁,是中国历史上家喻户晓、人人皆知的长寿之星。

史传彭祖寿高800多岁,乃古时彭山一带"小花甲计岁法"的结果。小花甲计岁法源于"六十甲子日",就是古代所传六十个星宿神挨次值日一圈的时间。民间崇拜上天星宿,凡人寿命皆与星宿对应,便以六十个星宿神轮流值日一周的时间为一岁,按此计算,彭祖实际寿数相当于今天的140岁,如此高寿即便是现代也难以做到。

《神仙传》(晋葛洪撰)形容他:"殷末已七百六十七岁,也不显得衰老。少好恬静,不恤世务,不营名誉,不饰车服,唯以养生活身为事。"他的养生之道被后人整理成为《彭祖养性经》《彭祖摄生养性论》传世。

据《史记·楚世家》载:"彭祖氏,殷之时尝为侯伯,殷之末世灭彭祖氏。""氏"在上古多用作宗族的称号。可见,彭祖实际上是以其命名的一氏族,《史记》还记载了个彭姓氏族被封国于大彭等地。

清人孔广森在注《列子·力命篇》"彭祖之智不出尧舜之上而寿八百"之句时说:"彭祖者,彭姓之祖也。彭姓诸国:大彭、豕韦、诸稽。大彭历事虞夏,于商为伯,武丁之世灭之,故曰彭祖八百岁,谓彭国八百年而亡,非实箋不死也。"就明确说明了这种情况。所谓彭祖年长八百,实际上是大彭氏国存在的年限。但对于彭祖善于养生的种传说历代并无异议,可以推想,由于彭祖这个氏族精于养生,族中长寿之人辈出,并以此而闻名于世,于是逐渐产出彭祖享寿八百这类的传说并流布于后世。故彭祖这个氏族可以说是上古时代一个有代表性的著名长寿家族。

彭祖在历史上影响很大。孔子对他推崇备至;庄子、荀子、吕不韦等先秦思想家都有关于彭祖的言论。《庄子·刻意》曾把他作为导引养形之人的代表人物。屈原的《楚辞·天问》中还记载"彭铿斟雉帝何飨,受寿永多夫何求长?",意思是他善于食疗,所以寿元悠长。王逸的注和洪兴祖的补注中都提到他能做一手好菜,烹调的鸡汤味道鲜美,尧帝品尝后甚为欣赏,便把彭城封给了他。

先秦时期,彭祖在人们心中是一位仙人。到了西汉,刘向在《列仙传》中把彭祖列入仙界,并称为列仙,彭祖逐渐成为神话中的人物。

唐朝人杨炯的《庭菊赋》这样说:"降文皇之命,修彭祖之术,保性和神,此焉终吉。"《太平广记》写他:"遗腹而生,三岁而失母,遇犬戎之乱,流离西域,百有余年。加以少枯,丧四十九妻,失五十四子,数遭忧患,和气折伤。""传言千岁,色如童子,步行日过五百里,能终岁不食,亦能一日九食。"

彭祖文化的根基发源于道家养身文化,是眉山人生活休闲文化的重要组成部分。至今,眉山人把养身文化和本性善良、热爱生活、敬畏生命、尊重人情等生活态度结合在一起,形成了一种新型的养身产业文化。

四川省眉山市彭山区(古眉州)是文学家李密的故乡。

孝道文化是眉山的文化特色之一。古人说,百善孝为先,人性八德孝为首,"孝、悌、忠、信、仁、义、礼、志"。中华首孝李密(224年—287年),字令伯,一名虔。幼年丧父,母何氏改嫁,由祖母抚养成人。后李密以对祖母孝敬甚笃而名扬于乡里。师事著名学者谯周,博览五经,尤精《春秋左传》。初仕蜀汉为尚书郎。蜀汉亡,晋武帝召为太子洗马,李密以祖母年老多病、无人供养而力辞。历任温县令、汉中太守。后免官,卒于家中。著有《述理论》十篇,不传世。其生平见载《华阳国志》《晋书》。代表作为《陈情表》。

李密的祖父李光,曾任朱提太守。李密从小境遇不佳,出生六个月就死了父亲,四岁时母亲改嫁。他是在祖母刘氏的抚养下长大成人的。李密以孝敬祖母而闻名。据《晋书·李密传》说:祖母有疾,他痛哭流涕,夜不解衣,侍其基右。膳食、汤药,必亲自口尝然后进献。

李密几次出使吴国,吴大帝孙权问蜀汉兵马多少,回答道:"官用有余,人间自足。"后来吴大帝和群臣一起讨论道义问题,都说愿意做弟弟。李密说:"我愿意做兄长。"被问到为什么,李密说:"做哥哥的有更多时间侍奉父母。"吴国君臣都认为他说得对。

魏灭蜀后,征西将军邓艾敬慕他的才能,请他担任主簿。李密以奉养年迈祖母为由,谢绝了邓艾的聘请。

泰始三年(公元267年),晋武帝司马炎立太子,慕李密之名,下诏征密为太子洗马(官名)。诏书累下,郡县不断催促,这时,李密的祖母已九十六岁,年老多病。于是他向晋武帝上表,陈述家里情况,说明自己无法应诏的原因。这就是著名的《陈情事表》,或称《陈情表》或《陈事表》,此《表》写于西晋武帝泰始三年(公元267年)。

《陈情表》辞语恳切,委婉动人。表到朝廷,晋武帝看了,为李密对祖母刘氏的一片孝心所感动,赞叹李密"不空有名也"。不仅同意暂不赴诏,还嘉奖他孝敬长辈的诚心,赏赐奴婢二人,并指令所在郡县,发给他赡养祖母的费用。

李密在祖母去世服期满后出仕。在任温县(今河南温县)县令时,政令严明,政绩显著,刚正见称。过去,中山诸王每过温县,必苛求供给,当地人民以此为患。李密到任后,中山诸王过境仍苛求如故。李密以理力争,使诸王过境不敢苛求,为百姓办了件好事。

李密本望到朝廷任职,施展自己的聪明才智,由于朝中权贵畏惧他的刚正,故朝中无人推荐。最后只做了汉中太守,一年后罢官归田。公元287年李密卒于保胜龙安,终年64岁,好友安东将军胡熊与皇甫士安主持葬仪。

《陈情表》全文共475字,以侍亲孝顺之心感人肺腑,千百年来一直被人们广为传诵,影响深远,被编入中学语文教材,作为范文,是宣传和倡导孝文化不可多得的素材。文中的一些词句如"急于星火""日薄西山,气息奄奄""人命危浅,朝不虑夕"等成语,直至今天人们还经常引用。

《陈情表》全文用了29个"臣"字,除了"前太守臣逵"和"后刺史臣荣"中两处指朝臣外,其余27个"臣"字均是李密自称。在"普天之下,莫非王土,率土之滨,莫非王臣"的普适逻辑之下,这让晋武帝颇感顺眼。更关键的还在于,区区一份"陈情",不但可以免去抗旨死罪,还感动了君王的铁石心肠。

古眉州在宋朝是全国三大刻板印刷中心之一,与杭州、建阳齐名,其规模已无法考证,但有几点足以说明当时的盛况。其一,遗址在"千里岷江第一镇"的眉州北面约10千米临岷江的江口镇一带,是岷江贯通长江的主要渡口,南来北往水陆交通非常便利,便于运输、仓储、交流。且因为印刷业的繁荣,带动了当地的市场经济,茶楼酒肆兴旺,南北杂货琳琅,迁客骚人云集,三教九流蜂拥，是千里岷江最繁华的一个小镇。其二，因近水楼台的原因，古眉州的老百姓较之其他地方的老百姓，可以很方便地得到图书，一般的农夫家庭，都存有文本日历、农书、药书等。其三，古眉州及周边城市建有很多私塾、书院等，学子使用的都是文本图书。据史书上说，在毕昇发明的活字印刷术普遍推广应用之前，全国各地坊间都用刻板印刷书籍。在《中国全史》上有记载："唐朝末年，雕版印书已经有了初步的发展。据当时人记载，至少蜀中已有人印刷出售。""五代时候，印书的事业继续发展，江南和巴蜀两个地区印刷的书，种类繁多，最为突出。"这些历史材料说明，从五代到北宋时期，四川眉山的刻板印刷业在全国是很有名气的。四川有得天独厚的竹林资源，促进造纸业飞速发展，全国刻板印刷业因此逐渐南移，使眉州的刻板印刷规模不断扩大，形成了一个特色产业，成为一大中心。据现代版本研究专家的成果显示，眉州刻板印刷承担的是当时印刷业的主流任务，大都是"四书五经"的大字本，"版式疏朗，校勘精审，字迹清秀"，绝大多数是典藏善本，特别是一些精品图书《册府元龟》《宋书》《魏书》等，皆出自于眉州刻板印刷中心。

任何人的成长，都离不开一定的社会环境。在古时的宋代，图书不仅是传播文化文明的重要载体，而且是拥有文化的第一要素，是步入成功的阶梯。眉州学子，一旦有了图书，如虎添翼，加上自己的聪明才智，能不考上800多名进士吗，能不横空出世三苏家庭吗？

其四，家风井然，家规中矩，家训中庸。家风，是一个家庭或家族长期以来形成的文化沉淀，能影响家庭所有成员精神、品质及行为的一种传统风尚和道德传承。苏氏家风历经千年，传承于世，誉满全球。

苏氏家风因为三苏文化举世无双的历史成就而闻名遐迩，眉山苏氏宗亲联谊会根据家族族谱和有关历史文献资料，并通过十多个省的苏氏宗长、苏学研究会长、苏学专家学者论证，比较集中地认为，眉山苏氏家规、家训、家风的核心主题是：读书正业、孝慈仁爱、非义不取、为政清廉、忠贞报国等。

读书正业的苏氏家风已经家喻户晓，《三字经》中有"苏老泉，二十七，始发愤，读书籍"，说的是苏轼的父亲苏洵是发自内心的需求而读书，并非别人强加的负担，而后影响世风的"大器晚成"成为世人褒言，"读书当少年"成为箴言。宋人司马光在《程夫人墓志铭》中有记载："府君年二十七，犹不学，一日慨然谓夫人曰，吾自视，今犹可学。然家待我而生，学且废，奈何？夫人曰：我欲言之久矣！恶使子为因我而学者，子苟有心，以生累我可也。即罄出服玩鬻之，以治生，不数年，遂为富家。府君由是得专志于学，卒成大儒。"

苏轼的母亲程夫人教子读书，除通过讲故事等方法从兴趣引入以外，对经典篇章，还逐句逐字讲解，名篇警句，均要求能默写背诵。苏洵读书给两个儿子示范的同时，耐心讲解读书的首要意义是为了"治人"，或叫"施之人"，即用自己所学知识为治国安民效劳；同时也是为了"治身"或者叫"治气养心，无恶于身。"即使不为当时所用，也要著书立说传之后世。他亲自出题叫苏轼写《夏侯太初论》，苏辙写《缸砚赋》，自己"绝意于功名，而自托于学术"，在教学中还与两个儿子交流讨论，互动成效，成为学业上的朋友。例如，父子三人同时著有同名文章《六国论》等，同台竞技，是现代亲子研学的文化源头。父子三人同时到京城参加科举考试，进京途中的八个多月，父子三人游读研学，论道辩经，诗文互和，成为中国乃至世界文坛佳话。苏轼少年时就写下"发愤识遍天下字，立志读尽人间书"，读书成为一生的重要生活方式，在贬官黄州时，有闲与儿子苏迈一起读书作文，在讨论到鄱阳湖畔石钟山的名称由来时，苏迈从古书中找到许多说法，如"下临深潭，微风鼓浪，水石相搏，声如洪钟"和"得双石于潭上，扣而聆之，南声函胡，北音清越，桴止响腾，余律徐歇。"对这些说法，苏轼都觉得是牵强附会，是不可信。苏迈想找其他书，苏轼阻止了他："不用找了。大凡研究学问、考证事物，切不可人云亦云，或者光凭道听途说就妄下结论。看来，石钟山这个问题，还必须实地考察求实才能解决。"苏轼多次实地考察后，才写出了千古名篇《石钟山记》，说明读书不仅要努力，还要动脑筋分析，更要实事求是，这才是朴素的学风，严谨的态度。苏氏后裔在家族修谱、立祠建房、婚姻喜庆等都会在自家门楣上书"耕读世家""诗书传家""诗礼传家"等内容，从家训的角度勉励家庭成员和昭示世人。三苏父子因为学业成就，不仅以诗词文著称于世，还以齐家治国平天下为本，读书做官堪称世间楷模。

慈孝仁爱的苏氏家风源远流长，早期苏氏家风的传承人应该上溯到唐代的苏味道，他在眉州任地方官时，是出了名的慈祥老人，体恤百姓无微不至，为官四年，从未见过龙颜大怒，暴力施政，欺压人民。这种风格到了宋代苏序（苏轼的爷爷）身上，就体现得更充分了。他是眉州当地出了名的"慈善家"，有什么好吃的，先给乡里乡亲，对贫穷的家庭，常常是暗地里资助，生怕伤害别人的自尊心。其实，自己的家里也不富裕。据史料记载，苏序性格朴实无华，为人交往，不论贵贱，一视同仁，为人谦卑。他虽然读书不多，是一个"不识字的怪老头"（林语堂语），苏洵评价他"（父亲）努力实行退身藏迹的做法，以求不闻名于世。但这样做久了，乡里人都知道他，认为古代的隐君子也比不上他"。北宋著名文学家曾巩在为苏序作《赠职方员外郎苏君墓志铭》中说："君轻财好施，急人之病孜孜若不及。岁凶卖田以赈其邻里乡党，至熟，人将偿之，君辞不受。"到了程夫人一代，这种家风发扬光大，到了极致。她告诫家人和子女，讲明人类和动物共生共存的原理，严禁捕捉住宅竹园内的小动物，因此，院内四处可见三三两两的桐花凤鸟飞栖在树林之间，与主人和睦共处。一次，家中调皮的小花猫咬了一只漂亮的桐花鸟，在苏轼兄弟的救护下，仍未幸免于难，程夫人问明情况之后，吩咐苏轼兄弟将死去的小鸟埋葬。这件事，在苏轼兄弟年幼的心灵里，烙下了深刻的记忆，苏轼日后在仕途中表现出仁爱宽厚、勤政爱民、至善亲和之心，与他从小接受苏母的教育有着密切的关系。司马光为其撰写的《武阳县君程氏墓志铭》有这样的讲述："夫人入门，执妇职，孝恭勤俭。乡人有急者，时亦周焉。比其没，家无一年之储。"有名的是苏轼在杭州任职期间，见穷人生病无钱治疗，便用政府公款开办"安乐方"（世称中国最早的公立医院）为其施救。在黄州时，尽管戴罪在身，仍竭力呼吁政府开办育儿会（孤儿院），济民救困，续传慈爱。在长子苏迈将去做地方官临行前，送儿一方砚台，刻四句铭文以上：以此进道常若渴；以此求进常若惊；以此治财常思予；以此书狱常思生。意思是说，用这方砚台学习，应该经常是如饥食渴的，用它追求上进，应当经常有所惊醒，用它书写治理财政的规章，应当经常考虑多多给予人民利益，用它书写狱文，应经常考虑给予罪人以自新的机会。苏轼谪居惠州时，时建惠州大桥无款合拢，工程停滞，此时他的生活处于非常困难的时期，仍不顾一切，捐出皇帝曾赏赐的犀带，还亲自出面，动员弟弟家史夫人把进宫朝见时赏赐的黄金也全部捐出来,终于合成了惠州大桥。三苏父子赴京考试前,苏轼专门对乳母任彩莲说,我们此行,带走了家中大部分积蓄,母亲是一个俭省人,你一定要注意,伙食不能太简单了。苏轼一直和乳母任彩莲生活在一起,当成自己的生母对待,荣辱与共,不离不弃,直到为其送终。

苏轼曾说:"我上可以陪玉皇大帝,下可以陪卑田院乞儿。眼前见天下无一个不是好人。"这句话体现了苏轼博大的胸襟和宽厚的仁爱。苏家慈孝仁爱的家风核心是传统儒家思想的"以仁为人""仁者爱人"的集中体现。

非义不取的苏氏家风洁身自好。苏轼少年时代,生活在眉州城内一个经营棉麻生丝的市场旁边,叫纱縠行,系租借别人的房子。家中两个女仆在作业熨烫丝被时,足下陷入一个土坑内,内有一个几尺深的洞口,仔细一看,有一个土罐埋在下面,这个土罐比较精致,里面好像封闭着重要东西,仆人慌忙叫来程夫人。程夫人见状,一脸严肃地对大家说,不要去动,这一定是之前居住在这里的人家埋藏的,这是别人的财物,不能妄动。并吩咐家人将其重新埋好,把土夯得严严实实。苏轼弟兄在场深受教育,程夫人乘机教导两个儿子,君子爱财,取之有道,不能有非分之想,非义不取。关于这件事,有史料记载于苏轼《记先夫人不发宿藏》:"先夫人僦居于眉之纱縠行。一日,二婢子熨帛,足陷于地。视之,深数尺,有一瓮,覆以乌木板。夫人命以土塞之,瓮中有物,如人咳声,凡一年而已。"苏轼在《六事廉为本赋》中认为:功废于贪,形成于廉。功业毁废于有贪心,德行养成靠廉洁为本,特别是为官,一定要以廉为先,廉洁居于首要。苏轼以身作则,为官时期,"苟非吾之所有,虽一毫而莫取"(摘自苏轼《前赤壁赋》)。

为政清廉的苏氏家风育人自律。在有文字记载的苏氏家族中,凡理政为官者,深受人民喜爱的不少,得力于良好的家风代代相传。当年,程夫人在苏洵外出游学时,常常给苏轼苏辙两兄弟讲古今成败为官廉政的故事。有一次,程夫人讲到东汉《范滂传》,那是恒帝和灵帝统治时代,宦官把持政权,朝廷非常腐败,贪污贿赂、结党营私、草菅人命。有一位为官清正、刚直不阿的官吏叫范滂,他不仅聪明,而且有才干,敢于抨击奸党豪强,为老百姓说话,呼吁民生疾苦,因而受到诬陷和打击,被处以极刑。临刑前,家人前往告别,他对母亲说:"母亲,弟弟仲博是个孝顺的儿子,可以尽赡养母亲的责任,儿今天要离开你了,望你老人家不要过分悲伤。"范母擦干眼泪对儿子说:"你今天得到的是与李膺、杜密一样的好名声,我还有什么悲伤的呢?忠与孝二者何必一定要兼顾呢?"程夫人讲到这里,不禁感慨,深深地叹息起来。苏轼已经听得非常激动了,他慷慨激昂地说:"母亲,我长大了要做范滂那样的人,你允许吗?"程夫人深情地看着眼前的儿子,豪迈地说:"如果你能做范滂那样的人,我难道就不能做范滂母亲那样的人吗?"从对话中,不难看出,苏家遗留沉淀的家风是何等的优秀,苏母的教育方式明显有别于他家,她没有用大段大段灌输式的话语进行道德说教,而是采用启发式的方式方法,循循诱导之后,给了孩子更多的思考机会,让孩子发自内心地表白。这段故事记载于《宋史——苏轼传》:"公生十年,父洵游学四方,母程氏亲授以书,闻古今成败,辄能语其要。程氏读东汉《范滂传》,慨然太息,轼请曰:轼若为滂,母许之否乎?程氏曰:汝能为滂,吾顾不能为滂母邪?"。"乌台诗案"时,御史知杂事谢景温曾诬陷苏轼在父亲病故后扶丧返川,在舟中贩运私盐谋利,后经朝廷派人查无实据,还了其清白。苏轼在常州任职时,用自己的俸禄购买了一处房产,后来听说是一个不孝儿子背着母亲卖掉的,逼得老人流离失所,无家可归。有人认为,是苏轼为官所得,苏轼得知后,找到那位失去房子的老人,当面将买房契约撕掉烧毁,亲自把老人安置还家。苏轼在留给子孙后代的家训中,就为政清廉,为官必廉,还专门写成条幅送给儿子苏迈,作为苏迈走上仕途的礼物。"凡吾子孙,必讲文明。父慈子孝,兄友弟恭。夫正妇顺,内外有别。老小有序,礼义廉耻。为人豪杰,处事必公。费用必俭,为官必廉。非义不取,救死扶贫。敦亲睦族,尊老尊贤。"

忠贞报国的苏氏家风披肝沥胆,在苏氏族谱中,可以明显地看到,历代苏家人,都有忠贞报国的言行。苏轼自幼即"奋励有当世",具有远大的政治理想和抱负,他在文中写到"至君尧舜,此事何难?"他上书和为官,要"涤荡振刷,而卓然有所立。"在史料中,有大量的记载,他既有识,又有为,既能"坐而言",又能"起而行",处理政事"拙于谋身,锐于报国"。为国家民族,"刚正嫉恶""遇事感言""忠规谠论,挺挺大节",尽管几起几落,其心,仍然是"直须谈笑于生死之际","祸福得丧付于造物",想到的是报国。在王安石关于"变法"的问题上,他出自忠贞报国的思想,上书皇帝,将自己在多地任地方官时看到的民间实情,结合朝廷的实际情况,建议将"聚变"调整为"渐变",将"国强民富"的次序颠倒进行,不要急于强化税制赋制,要先发展生产力,致富于人民,而后国家才能强盛,因而遭到皇帝的反对。有苏学专家认为,苏轼在宦游期间,一直坚守着"济世报国的理想",虽然贬到黄州,"处江湖之远",但他心怀"鸿鹄之志",在《赤壁赋》中曾用"美人"比喻皇帝和国家,用"望"来 表达其忠贞报国之情。弟弟子由要出使契丹了,前来告别。他挥毫写就《送子由使契丹》:"云海相望寄此身,那因远适更沾巾。不辞驿骑凌风雪,要使天骄识凤麟。沙漠回看清禁月,湖山应梦武林春。单于若问君世家,莫道中朝第一人。"告诫子由是代表国家出使,要让异族认识朝廷杰出的精英,时时处处要彰显国家的尊严。苏轼用实际行动,实现了自己的诺言:"报国之心,死而后已"。

苏氏家风家教是实现家庭价值信仰的具体体现,主要包括两个方面的含义,一是修身养性,完善美丽人生,处理家庭关系和人际关系,彼此坦诚相待;二是传承良好家风,主动承担家庭和社会责任,身正示范,繁衍优秀后代。

正因为眉州的山川秀美人杰地灵,社会环境和丰厚的文化底蕴,几千年文明历史的沉淀,肥沃的文化土壤,孕育了三苏,滋润了三苏,培养了三苏,造就了三苏。

注释

①指两宋时期眉州(今四川省眉山市)文化教育空前繁荣,整个宋朝共有886人考取进士,这种群体现象,史称"八百进士"。即便当时南宋京城所在地的浙江亦难以望其项背。眉山也因此成为中国历史上著名的"进士之乡",被誉为"千载诗书城"、"人文第一州"。

②陆游(公元1125年—1210年),字务观,号放翁,汉族,越州山阴(今绍兴)人,南宋文学家、史学家、爱国诗人。

陆游生逢北宋灭亡之际,少年时即深受家庭爱国思想的熏陶。宋高宗时,参加礼部考试,因受秦桧排斥而仕途不畅。宋孝宗即位后,赐进士出身,历任福州宁德县主簿、敕令所删定官、隆兴府通判等职,因坚持抗金,屡遭主和派排斥。乾道七年(公元1171年),应四川宣抚使王炎之邀,投身军旅,任职于南郑幕府。次年,幕府解散,陆游奉诏入蜀,与范成大相知。宋光宗继位后,升为礼部郎中兼实录院检讨官,不久即因"嘲咏风月"罢官归居故里。嘉泰二年(公元1202年),宋宁宗诏陆游入京,主持编修孝宗、光宗《两朝实录》和《三朝史》,官至宝章阁待制。书成后,陆游长期蛰居山阴,嘉定二年(公元1209年)与世长辞,留绝笔《示儿》。陆游一生笔耕不辍,诗词文具有很高成就,其诗语言平易晓畅、章法整饬谨严,兼具李白的雄奇奔放与杜甫的沉郁悲凉,尤以饱含爱国热情对后世影响深远。陆游亦有史才,他的《南唐书》,"简核有法",史评色彩鲜明,具有很高的史料价值。

③杯酒释兵权,是指发生在宋朝初期,宋太祖赵匡胤为了加强中央集权,同时避免别的将领也"黄袍加身",篡夺自己的政权,所以赵匡胤通过一次酒宴,以威胁利诱的方式,要求高阶军官们交出手中兵权。

④宋真宗赵恒御笔亲作《励学篇》,传布天下,这首短短的篇章,迷醉天下士子者,几近千年。

⑤宝墩文化,是迄今为止能追溯到的最早的考古学文化,是成都平原的一支重要的新石器时代考古学文化。宝墩文化是典型的内陆农业文化,在其自身的发展过程中,陶器制作工艺有所创新,同时还可能接受了来自其他考古学文化的影响。远在距今4500年左右,在成都平原就已经产生了作为蜀文化源头的新石器时代晚期文化。宝墩文化是文明孕育时期的考古文化,宝墩遗址既是这一时期成都平原时代最早的古城址的典型,也是四川即将跨进文明门槛的历史见证。

⑥北宋时期,道教被尊为国教,宋真宗曾下令所有的州县要修建天庆观,用来供奉原始天尊、灵宝天尊、道德天尊三位三清帝君。眉州的天庆观是当地人崇奉道教的圣地。

⑦中岩位于四川省眉山市青神城东南11千米的黄金旅游线上,隔岷江与思蒙河口相对。是北宋大文豪苏东坡初恋的地方,被范成大誉为"西川林泉最佳处",陆游赞为"川南第一山"。中岩其实是一座小山,唐代建,虽然山不高,也无仙,但相当幽静,而且佛的影响很大。并且由于中岩位于岷江东岸,山借水势,颇有气势,风景也很独特,故有蜀中名山的称谓。

⑧引自苏轼《眉州远景楼记》。

第二讲 才华横溢　初仕凤翔

苏轼兄弟少年读书期间,正值宋朝重大政治改革时期,以参知政事范仲淹为首主持的"庆历新政"①,产生了强烈的社会影响,范仲淹、韩琦、富弼、欧阳修四位"人杰"的大名,如雷贯耳,世人敬仰,成为苏轼兄弟心目中崇拜的偶像。

宋至和元年(公元1054年),益州(今四川成都)知州张方平②到任,大兴蜀学之风,在施政方略上,重文参政,以文辅政,四川文人扬眉吐气。同时,出于施政需求,他访求当地文人贤士,渴求国家栋梁之材,始知眉山苏洵。不久,苏洵以研学拜访知名学者为由,专程携苏轼苏辙二子前往成都拜见张方平,苏轼出示初韧之作《正统论》求教,此文是模仿欧阳修《正统论》而作,在继承的基础上,广开文路,扬弃和创新并举,政治激情洋溢,理想抱负宏伟,张方平粗略一看,便读出了作者的厚积薄发和雄才大略。在论及天下大事,古今治乱,一时人物之时,彼此诸多见解,不谋而合,甚为相得。张方平见苏轼兄弟两人英姿勃勃,才华横溢,有真知灼见,有报国之心,赞叹不已,许为"国士"。当他得知苏轼兄弟二人即将进京参考,兴奋之至,尽管与欧阳修有过政见分歧,仍然不计前嫌,欣然命笔,向欧阳修写了一封信,字里行间,倾注了丰富的感情,推荐三苏父子。

嘉祐元年(公元1056年),苏洵带着二十一岁的苏轼、十九岁的苏辙,自偏僻的西蜀眉山出发,沿江东下,首次出川赴京,参加朝廷的科举考试。出发之前,张方平不仅为苏洵三父子赴京应试之行出资办装,还专门写了几封书信,以便其在京城逗留期间结交各位名门士大夫。

苏洵三父子风雨兼程,水陆并行,沿途游历名胜古迹,遍访名人方家,一路交流研学,历时大半年,于嘉祐二年(公元1057年)到达京城。不久,苏洵三父子顺利通过开封府的"解试"③,并积极准备次年的"省试"④。当年主持"省试"的主考官是文坛领袖欧阳修,小试官是诗坛宿将梅尧臣。这两人既是当朝政坛要人,也是文界泰斗,正在锐意对时政和诗文进行革新。苏轼所作的应试文《刑赏忠厚之至论》,以高屋建瓴的立意,清新洒脱的文风,酣畅流利的文笔,一下子把他们震撼到了。特别是主考官欧阳修在批文时,激动不已,感觉背心发汗,赞叹不绝,百般赏识,却因欧阳修误认为是自己的弟子曾巩所作,为了避嫌,苏轼的考位排名屈居第二。尔后,苏轼兄弟二人又参加了仁宗皇帝在崇政殿亲自主持的"殿试"⑤,均以优异的成绩出彩,双双进士及第。三苏父子的壮举,开科举考试之先河,一时轰动京师,名声大作,举世无双的震撼力,盛况空前。为了感谢考官,苏轼作有《谢欧阳内翰书》《上梅直讲书》,苏轼在文中写道:"皋陶为士,将杀人。皋陶曰杀之三,尧曰宥之三。"欧阳修、梅尧臣二位非常欣赏其文,但不知这几句话的出处,为此专门接见了苏轼,并以此相问,苏轼答道:"何必知道出处!"欧阳修听后,茅塞顿开,拍案叫好,不禁对苏轼的豪迈、敢于创新极为欣赏,而且预见了苏轼的将来:"此人可谓善读书,善用书,他日文章必独步天下",自己还恭谦地认为应当避路,"放他出一头地",积极推荐苏轼,赋予他领导文坛发展的责任,引领一代文风。其间,苏轼一有新作问世,立刻就会传遍京师。在欧阳修的引荐下,三苏父子往来于政界学界,交友于京城名门士大夫之间,正要大展身手时,突然从四川眉山传来苏轼苏辙的母亲程夫人病故的噩耗。遵其旧俗,苏轼二兄弟随父回乡奔丧,丁忧三年。

苏洵三父子于嘉祐四年十月(公元1059年)守丧期满回京。经欧阳修推荐,苏轼苏辙参加皇帝秘阁制科御考试,名为"贤良方正能直言极谏科"。按朝廷规定,应试者须提前一年交上50篇策论,主要是涉及关于国家大政方针,政治、经济、军事、外交、文化、教育等方面的论证研讨,谓之"贤良进卷"。苏轼的"贤良进卷"后来编入《应诏集》,主要有《留侯论》《贾谊论》等25篇"论",以及《策略》《安万民》《教战守》等25篇"策",全部在当年内完成。苏轼在三次科场角逐中,厚积薄发,出类拔萃,连连夺魁;特别是25篇《策问》,轰动朝廷。一篇《御试制科策》,洋洋洒洒六千言,在崇政殿质问时,苏轼面对各位重臣要员,对答如流,晋入"三等"。欧阳修赞叹为"自前未有,盛事盛事"。自宋朝建立以来,制科一等、二等均空缺,"人三等"的只有苏轼和吴育二人(吴后来做了宰相),苏轼的《进策》《王者不治夷狄论》《礼以养人为本》等,详尽论述了自己的政治主张,对时局的看法,提出了一系列有关土地、财经、政治、经济、军事、治吏等富国强民的改革方案,均有自己独到的见解,在历次考核和答辩中,都交出优质答卷,完美地通过了所谓"三年京察"。苏轼苏辙兄弟二人出色的成绩,超人的学识,横溢的才华,前无古人后无来者,仁宗皇帝曾高兴地说:"吾今又为子孙得到太平宰相两人"。

宋朝最能体现"学而优则仕",一点不假,饱学之士成为官僚,已为一时之风。苏洵父子三人,在京师通过了各项考试和考核以后,顺利进入仕途。皇朝授予苏辙商州军事推官,主要负责起草任命状的知制诰王安石封还诏命,苏辙以在京城侍奉父亲为由推辞,未赴任。授予苏轼大理评事、凤翔府签判,当年十一月到任。

苏轼从二十六岁到二十九岁,即从宋仁宗嘉祐六年(1061年),到宋英宗治平元年(公元1064年)期间,任大理评事签书凤翔府节度判官。这对一位朝气蓬勃的青年而言,确实是心想事成,让他欣喜如狂。苏家历史上有人做过官,但如此年轻的,还是第一位。苏轼第一次出任地方官,人生开启崭新的一页,正是风华正茂,春风得意之时。但他也有难言之隐,毕竟是第一次独立出门、面世而行,心情显得非常复杂,既有胸怀壮志憧憬未来为国效力的豪迈情怀,又有难以排遣的牵肠挂肚的离乡别亲之愁,特别是第一次与子由兄弟分手,"忆弟泪如云不散,望乡心与雁南飞",这就是苏轼当时心理的真实写照。朝廷文书已下,苏轼上任启程之时,正值寒冬季节,冰天雪地,朔风扑面,苏辙兄弟一路相送,二人并骑而行,互为顾盼,直到140里外的郑州,彼此才挥泪道别,互嘱珍重,依依不舍地分手。望着苏辙回身的背影,苏轼扬鞭策马奔向山岗,凭高远望,"相携话别郑原上,共道长途怕雪泥",心想此时一别,何日才能相聚。苏轼与弟弟苏辙的友谊感情,公认为传世佳话,这首著名的《和子由渑池怀旧》,就是写在此次赴任途中。

地处关中平原的陕西省宝鸡市凤翔县,南扼巴蜀,西控甘青,是一个历史非常悠久,文化底蕴深厚的地方,属于中国古文化发源地之一,聚集了中华文化的文明精华。在距今六千多年前的原始社会新石器时代,就有氏族公社村落分布,夏代为九州之一的雍州之域,商代为太史周任之封国,称为周国。西周为王畿地,属召公奭采邑,称雍邑。周平王元年(公元前770年),周室东迁后,封护驾有功的秦襄公为诸侯,赐为秦地。该地也曾是我国丝绸之路的重要驿站,是关中西部的政治经济文化中心。苏轼对这个城市,并不陌生,说来还挺有缘分,仁宗嘉祐元年(公元1056年),苏轼父子三人赴京(河南开封)应试,途经这里,小息了几天,住在考生歇脚的破败不堪的驿站里,感觉是"不可居而出"。时隔五年,苏轼又来到这里,在这个凤舞九天的地方,正式翻开了荣辱与共、政治多难、风波迭起、仕途坎坷的人生史册。当他看见当年的驿馆已被比他先到任的知府宋选⑥修葺一新后,苏轼作为文人,发自心底就喜欢上了这个地方,自然会对当地的文化产生亲近感,现今"忽从县佐、擢与评刑",职位显然,少年得志。以他在其任职内所作的"凤翔映象"诗词,就可以得到充分的证明,借此可以比较全面地了解和认识此时的苏轼。在苏轼早年的诗歌中,影响较大的是以"凤翔映象"为主题的《凤翔八观》。这是一组八首古体诗,囊括了凤翔有名的历史遗址、文物古迹、园林名胜等。苏轼对此进行了赞叹和歌咏,寄予了丰富的感情,或颂扬的山川锦绣之美,或凭吊先贤英烈壮举,或描述黎民百姓疾苦,或借景抒发豪情壮志,表现了地方长官热爱河流山川,奋励当世,励耘其间的思想情怀。诗人在序中说:"凤翔当秦蜀之交,士大夫之所朝夕往来。此八观者,又皆跬步可至,而好事者有不能遍观焉,故作诗以告欲观而不知者。"这八首诗是:《石鼓歌》《诅楚文》《王维吴道子画》《杨惠之塑维摩像》《东湖》《真兴寺阁》《李氏园》《秦穆公墓》。对《凤翔八观》这组诗,学界一致评价这是苏轼早期诗歌中难得一见的力作,才华横溢,感情奔放,笔力纵横,舒卷自如。

石 鼓 歌

岐山之阳石为鼓,叩之不鸣悬无虡。以为无用百无直,以为有用万物祖。置身无用有用间,自讬周宣谁敢侮。宣王没后坟垄平,秦野苍茫不知处。周人旧物惟存山,文武遗民尽囚房。鼎钟无在铸戈戟,宫殿已倒生禾黍。厉宣子孙窜四方,昭穆错乱不存谱。时有过客悲先王,绸缪牖户彻桑土。思宣不见幸鼓存,由鼓求宣近为愈。彼皆有用世所好,天地能生不能主。君看项籍猛如狼,身死未冷割为脯。马童杨喜岂不仁,待汝封侯非怨汝。何况外物固已轻,毛擒翡翠尾执麈。惟有苍石于此时,独以无用不见数。形骸偃蹇任苔藓,文字皱剥因风雨。遭乱既以无用全,有用还为太平取。古人不见见遗物,如见方召与申甫。文非科斗可穷诘,简编不载无训诂。字形漫汗随石缺,苍蛇生角龙折股。亦如老人遭暴横,颐下髭秃口齿龋。形虽不具意可知,有云杨柳贯鲂鱮。鲂鱮岂厌居溪谷,自投网罟入君俎。柳条柔弱长百尺,挽之不断细如缕。以柳贯鱼鱼不伤,贯不伤鱼鱼乐死。登之庙中鬼神格,锡女丰年多黍稌。宣王用兵征四国,北摧犬戎南服楚。将帅用命士卒驭,死生不顾阚虓虎。问之何术能使然,抚之如子敬如父。弱柳贯鱼鱼弗违,仁人在上民不怒。请看石鼓非徒然,长笑太山刻秦语。

诅 楚 文

诅楚楚如桀,诅秦秦则纣。桀罪使信然,纣语安足受。牲肥酒醴洁,夸诞鬼不佑。鬼非东诸侯,岂信辩士口。碑埋祈年下,意绕章华走。得楚不付孙,但为刘季取。吾闻秦穆公,与晋实甥舅。盟郑绝晋欢,结楚将自救。《事见〈吕相绝秦〉》使秦诅楚人,晋亦议其后。诸侯迭相诅,祸福果谁有。世人不知道,好古无可否。何当投泾流,浑浊盖鄙丑。

王维吴道子画

吾观天地间,万事同一理。扁也工斫轮,乃知读文字。我非画中师,偶亦识画旨。勇怯不必同,要以各善耳。壮马脱衔放平陆,步骤风雨百夫靡。美人婉娩守闲独,不出庭户修容止。女能嫣然笑倾国,马能一踸致千里。优柔自好勇自强,各自胜绝无彼此。谁言王摩诘,乃过吴道子。试谓道子来置女,所挟从软美。道子掉头不肯应,刚杰我已足。自恃雄奔不失驰,精妙实无比。老僧寂灭生虚微,侍女闲洁非复婢。丁宁勿相违,幸使二子齿。二子遗迹今岂多,岐阳可贵能独备。但使古壁常坚完,尘土虽积光艳长不毁。

杨惠之塑维摩像

金粟如来瘦如腊,坐上文殊秋月圆。法门论极两相可,言语不复相通传。至人养心遗四体,瘦不为病肥非妍。谁人好道塑遗像,鲐皮束骨筋扶咽。兀然隐几心已灭,形如病鹤竦两肩。骨节支离体疏缓,两目视物犹炯然。长嗟灵运不知道,强翦美须插两颧。彼人视身若枯木,割去右臂非所患。何况塑画已身外,岂必夸尔庸自全。真人遗意世莫识,时有游僧施钵钱。

东　湖

不到东湖上,但闻东湖吟。诗词已清绝,佳境亦可寻。蜿蜒苍石蟠,蟠拏据湖心。倒腹吐流水,奔注为重深。清风荡微波,渺渺平无音。有鳖行在沙,有鱼跃在浔。鳖圆如新荷,鱼细如蠹蟫。梧桐生两涯,萧萧自成林。孙枝复生孙,已中瑟与琴。秋虫噪蜩蚲,春鸟鸣鹍䴔。有客来无时,濯足荫清阴。自忘府中官,取酒石上斟。醉倒卧石上,野虫上其襟。醒来不知莫,湖月翻黄金。油然上马去,纵意不自箴。作诗招路人,行乐宜及今。人生不满百,一瞬何所任。路人掉头笑,去马何骎骎。子有不肖弟,有冠未尝簪。愿身化为线,使子为之针。子欲烹鲤鱼,为子溉釜鬵。子欲枕山石,为子求布衾。异乡虽云乐,不如反故岑。瘦田可凿耕,桑柘可织纴。东有轩辕泉,隐隐如牛涔。西有管辂宅,尚存青石砧。彭女留膝踝,礼拜意已钦。慈母抱众子,乱石寒萧森。朝往莫可还,此岂不足临。慎勿语他人,此意子独谙。

真兴寺阁

秦川不为广,南山不为高。嵯峨真兴阁,杰立陵风飚。危槛俯翔鸟,跳檐落飞猱。上有傲世人,身衣白鹤毛。下视市井喧,奔走何啾嘈。萧然倚楹啸,遗响入云霄。清风吹其裾,冉冉不可操。不知何所为,岂即非卢敖!游目万里间,远山如伏羔。遗语谢世俗,钓鱼当钓鳌。

李 氏 园

有客骑白驹,扬鞭入青草。悠悠无远近,但择林亭好。萧条北城下,园号李家媪。系马古车门,随意无洒扫。鸣禽惊上层,飞蝶纷入抱。竹林净如濯,流水清可澡。闲花不着行,香梨独依岛。松枝贯今昔,林影变昏早。草木皆苍颜,亭宇已新造。临风置酒樽,庭下取栗枣。今人强欢笑,古人已枯槁。欲求百年事,不见白发老。秦中古云乐,文武在丰镐。置圆通樵苏,养兽让麂麋。池鱼跃金碧,白鸟飞纨缟。牛羊感仁恕,行苇亦自保。当年歌灵台,后世咏鱼藻。古诗宛犹在,遗处不可考。悲哉李氏末,王霸出奴皂。城中开芳园,城外罗战堡。系鼓鸣巨钟,百姓皆懊恼。及夫圣人出,战国卷秋潦。园田赋贫民,耕破园前道。高原种菽粟,陂泽满粳稻。春耕杂壶浆,秋赋输秸藁。当年王家孙,自庇无尺椽。空余百岁木,妄为天巫祷。游人足讥骂,百世遭舌讨。老翁不愿见,垂涕祝福祿。持用戒满盈,饮酒无醉倒。

秦穆公墓

泉上秦伯坟,下埋三良士。三良百夫特,岂为无益死。当年不幸见迫胁,诗人尚记临穴惴。岂如田横海中客,中原皆汉无报所。秦国吞西周,康公穆公子。尽力事康公,穆公不为负。岂必杀身从之游,夫子乃以侯嬴所为疑三子。王泽既未竭,君子不为诡。三良狥秦穆,要自不得已。

苏轼以相才出任凤翔签判,大理评事是一个名誉头衔,签书凤翔府判官才是实职,主要职责是以京官身份辅助州郡长官的文书工作,相当于太守的高级文秘,他深知其分量。从政后的苏轼,按照二伯父的教诲,忠于职守,廉洁勤政。苏轼的二伯父苏涣,宋仁宗天圣二年(公元1024年)进士,为宝鸡主簿,以能选开宝监,调凤州司法。为永康军录事参军,擢开封府士曹参军。通判阆州,历知祥符、衡州。公元1055年(宋仁宗至和二年),擢提点利州路刑狱。嘉祐七年(公元1062年)卒,年六十二,后累赠太中大夫。苏涣在四川阆州任职期间,重新制定了衙前法,推行了一些切实可行的规章制度,使诉讼有法可依,对执政非常有利。特别是他为政宽松,用法适当,老百姓和官吏都很敬畏之,当地社会秩序井然,民风民俗朴素,为当朝小有名气的清官。苏洵曾带少年苏轼与之交流,并叮嘱苏轼向其学习。苏轼在凤翔为官期间,虽然不具有决策权,但是他也积极发现问题,为人民群众的生产生活解决实际困难。当时凤翔经济发展非常滞后,主要产业是开发本地资源,输出木材,民工们需要去终南山和秦岭等山林伐木,然后通过山坡形成的自然滑道抛进黄河里,让木材随河水漂流到汴京等地,供各地生产建设之用。但是黄河古道的激流险滩犹如洪水猛兽,无法按照人的意志行事,常常失控,很多木材会在沿河的漂流输送中损坏或者流失,从业的民工除无人身保障外,很多时候还因此不仅没有收入,还得贴钱赔偿损失,对于损失较大的还会被判刑或者服徭役,民工迫于生计,不得不为,引得怨声载道。苏轼实地考察后,为民请命,上书执政韩琦,提出建议,由地方官员选择合适时间再组织民工伐木,理由是以此避开洪水期和枯水季节,可以减少木材在漂流途中的损耗以及人员伤亡。同时,组织有经验的工匠,"编木伐竹"造工具,选拔精英水手护运,此举符合客观规律,实施后成效显著,深得人心。因此,有的人为此巴结他,为其歌功颂德,称呼他为"苏贤良"。凤翔时任主官陈希亮,四川青神县人(公元1014年—1077年),字公弼,他从进士及第开始,为官30余年,先后任过知县、知州、知府、转运使等地方官,也曾到开封府及朝廷任职,不论是在地方还是京城为官,陈希亮疾恶如仇,不考虑个人的祸福进退,为平民百姓称颂,使王公贵人害怕。他生性耿直,脾气刚烈,曾经立有战功,加之年长苏轼三十多岁,又是苏轼父亲的朋友、苏轼老丈人王方的同乡。因此,他对刚上任的年轻助手,严格有余,宽容不足,事事规范,处处较真,一时间两人关系处得不太好,甚至发生过尖锐的矛盾。陈希亮就很听不惯"苏贤良"这个称呼,觉得刺耳,认为苏轼只不过是一个文书罢了,为民办事理当应该,年轻人有什么资格称得上贤良,这顶桂冠送给年轻苏轼为时过早。之后,在苏轼草拟的文书上,陈希亮出于实地实际,经常对他所作的内容涂抹勾画,甚至多加批评指点。苏轼自认京官身份,满腹经纶,才高八斗,读书作文不在陈希亮之下,在感情上接受不了,自然很生气。

当年年终,府内照例进行各界联谊座谈,各级官员会聚一堂,品茗饮酒,欢颜一场。苏轼借故不参加,此举有失陈希亮的颜面,陈大怒,令其检讨违规行为,并处罚黄铜八斤。尽管如此,在一段时间的共事中,苏轼还是慢慢适应了,而且还对陈产生了好感,这是因为苏夫人王弗做了大量工作。王弗出身于书香门第,知书达理,深明大义,善辨是非。苏轼刚到凤翔时,地方达人、社会名流,仰慕苏轼的名气,纷纷示好,美言相粉,讨好拉拢。王弗把这些尽看眼里,用深入浅出的道理,温柔体贴的语言,向苏轼说明这些人不是真正的朋友,不宜深交。像陈希亮这样的长辈,对人公务上严格,生活上严肃,作风上严谨,才是值得尊重和交往的,经过王弗好言相劝耐心说教,苏轼调整了自己的为人处世态度,逐步从心理上接受了陈主官,并为之努力辅助。在以后的相处中,苏轼发现了陈主官不少的优点,特别是听说陈希亮在长沙任职时,排除干扰,逮捕法办了一个有权有势的败德和尚,也曾绳之以法七十多个欺压良民的巫师,甚为感动。

有这样一件事,陈希亮曾在家中后面的一块空地上修了一个樱花围绕的台阁,取名"凌虚台",便于在此与朋友相聚饮酒喝茶,闲暇时眺望终南山。他想到苏轼是当朝文人中的名士,才华出众,文采飞扬,且就在身边,便请苏轼写一篇文章来应和。苏轼觉得这是陈希亮看重自己的一个机会,应该好好发挥一下,欣然答应。他在这篇文章里,先对凤翔的地理形胜赞美了一番,又将凌虚台的建造原委、结构特征做了必要的陈述,然后笔锋一转,用非常含蓄的语言,大发议论,其中暗含着对陈希亮的讽刺,将落成的一个台阁为由引申到人物关系,以此来影射陈希亮虽然现在身居高位,但是也不得不小心谨慎,否则就会身败名裂,推而言之,任何事物都是这样,这是事物发展的必然规律。文中"物之废兴成毁,不可得而知也""夫台犹不足恃以长久,而况于人事之得丧,忽往忽来者欤""盖世有足恃者,而不在乎台之存亡也",言语其实已经够辛辣了,一般人都容易体会到文中的含义,但是陈希亮这次却很坦然,没有因此动怒,没有和苏轼对着干,更没有猛烈反击,而是非常宽容地理解了苏轼表达的意思。陈希亮读过这篇《凌虚台记》后,一个字也没有修改,吩咐匠人全文刻于石上,并慨然道:"吾视苏明允①,犹子也,某(苏轼),犹孙子也。平日故不以辞色假之者,以其年少暴得大名,惧夫满而不胜也,乃不吾乐耶!"至此苏轼才领悟到陈希亮的苦心,两人的关系和好如初。谁料到,不经意之间,苏轼所作《凌虚台记》竟成为中国文学史上的千古名篇,写入当今的教材之中。史料上记载,苏轼自称平生不为人作行状墓碑,但他发自心底十分敬佩陈希亮的为人,担心陈希亮的事迹失传于后世,因而破例写下了《陈公弼传》,其中一段是对自己的深刻反省:"轼官于凤翔,实从公二年。方是时,年少气盛,愚不更事,屡与公争议,至形于颜色,已而悔之。"

苏轼在凤翔为政其间,坚持传统儒家以人为本的亲政爱民思想,廉洁自律,勤政为民,深得人民的喜爱,苏轼离任后,凤翔人民怀念他,建有苏公祠,雕塑有苏轼像,坊间有许多关于"官榷予民""改善漕运""改革衙规""礼孔崇儒""雁南亭"等优美的传说。苏轼所作《喜雨亭记》,是在凤翔期间,与民互动官民同乐的经典篇章,可见苏轼与凤翔人民深厚的友谊和血浓于水的情怀。

喜 雨 亭 记

亭以雨名,志喜也。古者有喜,则以名物,示不忘也。周公得禾,以名其书;汉武得鼎,以名其年;叔孙胜狄,以名其子。其喜之大小不齐,其示不忘,一也。

余至扶风之明年,始治官舍。为亭于堂之北,而凿池其南,引流种木,以为休息之所。是岁之春,雨麦于岐山之阳,其占为有年。既而弥月不雨,民方以为忧。越三月,乙卯乃雨,甲子又雨,民以为未足。丁卯大雨,三日乃止。官吏相与庆于庭,商贾相与歌于市,农夫相与忭于野,忧者以喜,病者以愈,而吾亭适成。

于是举酒于亭上,以属客而告之,曰:"五日不雨可乎?"曰:"五日不雨则无麦。""十日不雨可乎?"曰:"十日不雨则无禾。""无麦无禾,岁且荐饥,狱讼繁兴,而盗贼滋炽。则吾与二三子,虽欲优游以乐于此亭,其可得耶?今天不遗斯民,始旱而赐之以雨。使吾与二三子得相与优游以乐于此亭者,皆雨之赐也。其又可忘耶?"

既以名亭,又从而歌之,曰:"使天而雨珠,寒者不得以为襦;使天而雨玉,饥者不得以为粟。一雨三日,伊谁之力?民曰太守。太守不有,归之天子。天子曰不然,归之造物。造物不自以为功,归之太空。太空冥冥,不可得而名。吾以名吾亭"⑧。

本文的大概意思是:这座亭子用雨来命名,是为了纪念喜庆的事件。古时候有了喜事,就用它来命名事物,表示不忘的意思。周公得到天子赏赐的稻禾,便用"嘉禾"作为他文章的篇名;汉武帝得了宝鼎,便用"元鼎"称其年号;叔孙得臣打败敌人侨如,便用侨如作为儿子的名字。他们的喜事大小不一样,但表示不忘的意思却是一样的。我到扶风的第二年,才开始造官邸,在堂屋的北面修建了一座亭子,在南面开凿了一口池塘,引来流水,种上树木,把它当做休息的场所。这年春天,在岐山的南面下了麦雨,占卜此事,认为今年有个好年成。然而此后整整一个月没有下雨,百姓才因此忧虑起来。到了三月的乙卯日,天才下雨,甲子日又下雨,百姓们认为下得还不够;丁卯日又下了大雨,一连三天才停止。官吏们在院子里一起庆贺,商人们在集市上一起唱歌,农夫们在野地里一起欢笑,忧愁的人因此而高兴,生病的人因此而痊愈,而我的亭子也恰好造成了。

于是我在亭子里开酒宴,向客人劝酒而告诉了这件事,问他们道:"五天不下雨可以吗?"他们回答说:"五天不下雨,就长不成麦子了。"又问"十天不下雨可以吗?"他们回答说:"十天不下雨就养不活稻子了。""没有麦没有稻,年成自然荒歉了,诉讼案件多了,而盗贼也猖獗起来。那么我与你们即使想在这亭子上游玩享乐,难道可能做得到吗?现在上天不遗弃这里的百姓,刚有旱象便降下雨来,使我与你们能够一起在这亭子里游玩赏乐的,都靠这雨的恩赐啊!这难道又能忘记的吗"?

给亭子命名以后,又接着来歌唱此事。歌词说的是:"假使上天下珍珠,受寒的人不能把它当做短袄;假如上天下白玉,挨饿的人不能把它当做粮食。一场雨下了三天,这是谁的力量?百姓说是太守,太守说没有这力量。归功于天子,天子也否认。归之于造物主,造物主也不把它当作自己的功劳。归之于太空,而太空冥然缥缈,不能够命名它,于是我用它来为我的亭子命名。"

苏轼在凤翔三年,年轻气盛,精力充沛,踌躇满志,干练处事,在掌管五曹(兵、吏、刑、水、工)文书公务中,以诗作文为民请柬,呕心沥血心系百姓,勤勉务实体察民情,公正司法官权予民,刚直不阿勇于担当,在查决讼案减决囚犯、赈济灾荒、为民除害、发展酒业、拓展漕运等方面,皆有杰出贡献。嘉祐八年(公元1063年),西夏大举进犯边境,临阵主帅昏庸无能,士卒厌战,军纪松弛,一战而溃,边民惊恐万状。苏轼出于爱国的赤诚,主张驰援,立即派人运送粮草,并手书设法解围之计,为国分忧。面对时局所现种种弊端,感慨唏嘘,切切思治之情油然而生,奋笔疾书了一篇《思治论》,极力主张解决"丰财""强兵""择吏"等问题,猛烈地批判了当时存在的因循守旧故步自封的思想。像苏轼这类兼具诗文才华的为官者,在宋朝官员中是常态,但像苏轼这样在政治上忠诚坚定、思想上敏锐卓越的成就者,实属凤毛麟角。因此,苏轼成为后世为官者学习的榜样,成为千古流传的楷模。

①庆历新政为北宋仁宗庆历(公元1041年—1048年)年间进行的改革。宋仁宗时,官僚队伍庞大,行政效率低下,人民生活困苦,辽和西夏威胁着北方和西北边疆,社会危机日益严重。庆历三年(公元1043年),范仲淹、富弼、韩琦同时执政,欧阳修、蔡襄、王素、余靖同为谏官。范仲淹向仁宗上《答手诏条陈十事疏》,提出"明黜陟、抑侥幸、精贡举、择官长、均公田、厚农桑、修武备、减徭役、覃恩信、重命令"等10项以整顿吏治为中心的改革主张。欧阳修等人也纷纷上疏言事。仁宗采纳了大部分意见,施行新政。

②张方平(公元1007年—1091年),字安道,号"乐全居士",谥"文定",北宋大臣,应天府南京(今河南商丘)人。景祐元年(公元1034),中茂才异等科,任昆山县(今属江苏)知县。又中贤良方正科,迁睦州(今浙江建德东)通判。历任知谏院、知制诰、知开封府、翰林学士、御史中丞、滁州(今属安徽)、江宁府(今江苏南京)、杭州(今属浙江)、益州(今四川成都)等地长官。神宗朝,官拜参知政事(副宰相),反对任用王安石,反对王安石新法。哲宗元祐六年(公元1091年)卒。苏轼哀痛不已。赠司空,谥文定。有《乐全集》四十卷。

③解试(又称州试):科举时代唐、宋州府举行的考试,即后来明、清的乡试,是科举程序中的第一级,由地方学正监考,历考三天,共考三场。

④省试即科举中的礼部试,在唐、宋、金、元时称省试,在明、清时称会试。考试在京城举行,由尚书省的礼部主持,每三年一次,逢辰戌丑未年为正科,遇皇室庆典加恩科,一般安排在二三月进行,因此又称"春试"。考试的时间、场次和内容与乡试相同,但难度要大得多。省(会)试合格称贡士,第一名称"会元"。封建时代的学子通过省(会)试后方可进入殿试,也就是通常所说的"考状元"。

⑤殿试,为唐、宋(金)、元、明、清时期科举考试之一,又称"御试""廷试""廷对"。殿试由内阁预拟,然后呈请皇帝选定。会试中选者始得参与。目的是对会试合格者进行区别、选拔官司员等。

殿试为科举考试中的最高一段。殿试第一名称为状元。

⑥宋选是陈希亮的前任凤翔地方官,苏轼到凤翔任职不久宋选即离任了。宋选到凤翔做的第一件事,就是将当地的凤鸣驿站修缮一新。

⑦苏轼的父亲苏洵,字明允,号老泉,眉州眉山(今属四川)人。北宋散文家,与其子苏轼、苏辙合称"三苏",均被列入"唐宋八大家"。长于散文,尤擅政论,议论明畅,笔势雄健,有《嘉祐集》。

⑧选自《苏东坡集》。

第三讲 西湖荡舟 诗政芳香

苏轼的政治生涯中,先后两次相隔十八年在杭州任职有非常重要的意义。前一次是在"乌台诗案"之前,后一次是在"乌台诗案"之后,两次出任的政治背景不同,个人的政治态度也不同,前一次是副职,后一次是正职,尽管如此,苏轼和杭州共同形成的历史定论一直是肯定的,皆是苏轼人生历程中光辉的一页,精彩的一页。

治平二年(公元1065年),苏轼凤翔府签判任期满回到京城,转宫殿中丞判登闻鼓院,召试馆职,除直史馆,参与撰史。这一年,宋朝廷发生了一件大事,在议论英宗生父濮安懿王称号时,当朝宰相韩琦、参知政事欧阳修一派,与天章阁待制司马光、御史吕海、范纯仁一派,发生了激烈的争论,演变为政治分歧,史称"濮议"①。当年五月,苏轼的妻子王弗因病在京去世。次年,苏轼父亲苏洵在京去世,按旧俗,苏轼苏辙两兄弟应返蜀守丧。皇恩浩荡,朝廷同意苏轼苏辙护送父亲灵柩(包括苏轼妻子王弗灵柩)回四川,沿途差旅官费报销,居家丁忧三年。这其间宋朝廷发生了几件大事,宋英宗驾崩、神宗即位、欧阳修罢去参知政事,出知亳州,政治势态由此演变得非常激烈,苏轼兄弟因故未卷入其间。到了宋神宗熙宁元年(公元1068年),苏轼兄弟服丧期满,回到京城,途经长安时,拜见了当朝重臣韩琦。此时,神宗召见翰林学士王安石等人,酝酿"变法"事宜。第二年(公元1069年)新春伊始,宋史上著名的"王安石变法"就轰轰烈烈推开了,宋神宗急功近利,王安石年岁不待,多项原因交织在一起,"王安石变法"成为不可阻挡的发展趋势。首先是设立"制置三司条例司",出台许多政策和法规,涉及政治、经济、文化、军事、教育、外交等方面,议行覆盖全国的新法,由参知政事王安石亲自主持"变法"。苏轼兄弟是国家栋梁之材,在此重大历史变革时期,本应当委以重任,行"危难之际、忠君报国"的作用,但王安石认为,苏轼兄弟特别是苏轼与自己"学术素异",在学术思想观念和学问研究方法上,相去甚远,建议将苏轼安置在"判官告院"的一个闲职上。当年四月,皇帝诏令重臣幕僚议论科举改革,苏轼经过两个月的思考和研究,结合当时的实际情况,奏上《议学校贡举状》,对王安石变法中的"贡举法",阐明了自己的观点,批评废明经、存进士的教育改革弊端,分析透彻,有理有据,得到宋神宗召见。王安石变法和历朝变法一样,并非一帆风顺,在推行的过程中,引起了不同的反响,御史中丞吕海评论王安石变法有"十大过失",言辞激烈,直截了当,激怒了皇上,直接被逐出朝廷,出知邓州。大名府韩琦出于对民生疾苦的呼吁,上奏"青苗法"的害处,苏轼于当年冬天,上书皇帝万言卷《上神宗皇帝书》,全面驳斥"新法"中的弊端,开年后(公元1070年),又作《再上皇帝书》,要求罢免王安石,停止或缓期执行新法,苏辙身处"条例司"感到非常为难,目睹变法的有些做法不尽人意,"如蝇在喉",遂主动离开,还有一些官员对变法也是敢怒不敢言。尽管如此,宋神宗一意孤行,罢黜群官,仍然支持王安石变法,打压反对派。此时,司马光②多次推荐苏轼为谏官,希望把他放到重要位置上去施展抱负和才华,神宗皇帝念其先帝遗志,欲数次启用苏轼,均被王安石以多种理由阻止。不久,司马光也因为反对"新法",罢职到洛阳。无形中,苏轼被卷进了这场所谓反对王安石变法的政治斗争之中,基于朝廷内部险恶的政治斗争漩涡,苏轼自请出任杭州通判,远离是非之地,"还来送别处,双泪寄南州";"我生三度别,此别尤酸冷";"秋风亦已过,别恨终无穷。"既然满腹才华,不为朝廷所用,那就下到地方去施展抱负吧,这是苏轼第一次出任杭州通判的时代背景。

苏轼上任之前,途径陈州,与弟弟苏辙相聚,小憩后,苏辙执意要陪送兄长苏轼到颍州再分手。在颍州,苏轼拜谒恩师欧阳修,作有《欧阳少师令赋所蓄石屏》《陪欧阳公宴西湖》等诗,照例与兄弟子由和诗《颍州初别子由二首》后分手,继续东行,沿途作有《出颍口初见淮山是日至寿州》《濠州七绝》《泗州僧伽塔》《龟山》《游金山寺》等。当中《游金山寺》最能体现当时的心情,苏轼步入政坛后,坚守儒家奋励当世理念,坚定爱国为民志向,坚信功废于贪、行成于廉,贫富有别,生死无异,自觉遵守循礼无私、节用廉取、严明规制、考课百官的廉政思想,做有志青年。可是,在现实中,他常常又看到另外一面,尤其是朝廷中的争权夺利尔虞我诈,令人心灰意冷进退两难。现家中父母双双离世,妻子又英年早逝,即将又要赴任杭州,离别京城是规避险恶,赴任杭州是责任担当,愁绪和激情交织,思乡和宦游并行,唯能寄托哀愁的,只有兄弟和家乡。在途经镇江时,他漫步到城外长江中的金山寺,拜访了宝觉、圆通二位长老,二者设下酒宴盛情款待,当日,苏轼宿在寺中,半夜得以观赏江上夜景,面对滚滚长江,想到家乡的岷江,夜不能寐,浮想联翩,微风拂面,心潮起伏,写下了这首《游金山寺》七言古诗。

游金山寺

我家江水初发源,宦游直送江入海。
闻道潮头一丈高,天寒尚有沙痕在。
中泠南畔石盘陀,古来出没随涛波。
试登绝顶望乡国,江南江北青山多。
羁愁畏晚寻归楫,山僧苦留看落日。
微风万顷靴文细,断霞半空鱼尾赤。
是时江月初生魄,二更月落天深黑。
江心似有炬火明,飞焰照山栖鸟惊。
怅然归卧心莫识,非鬼非人竟何物?
江山如此不归山,江神见怪警我顽。
我谢江神岂得已,有田不归如江水。

全诗二十二句,大致可分三个层次。前八句写家乡的山水和金山寺形胜,文中含有青年的激情,表明即将赴任的信心和勇气;中间十句写登眺所见黄昏夕阳和深夜炬火的江景,不免产生了对前景的忧虑,充满坎坷的仕途何日才有尽头;末四句抒发此游的感喟。贯穿全诗的是浓挚的思乡之情,它反映了作者对现实政治和官场生涯的厌倦,希望日后买田归隐,心空明净地度过余生。

坊间有"上有天堂下有苏杭"之说,主要是对杭州人间仙境秀丽风光的赞美,确实如此。杭州美景主要集中在西湖边,三潭印月、雷峰塔、断桥残雪、钱塘江潮、虎跑泉水、龙井名茶、柳浪闻莺、灵隐寺、钱王祠、岳飞庙等,现存《苏轼诗集》中大量优美诗篇是在杭州写就的。

当时的杭州,宋王朝重镇之一,欧阳修说"邑屋华丽,盖十万余家",城市繁荣,经济发达,文化繁荣,是第一纳税大城市。熙宁四年(公元1071年)十一月,苏轼到达杭州任职,通判一职相当于副职,主要分管:兵民、钱谷、户口、赋役、狱讼听断之事,可否裁决,与守臣通签书施行。后来还新增一项:所部官有善否及职事修废,得刺举以闻。苏轼用一位政治家敏睿的眼力,以杭州俯瞰全国,洞察了北宋在这个时期呈现的"虚假的繁荣",看似在无知无觉中,实则是刻意营造出来的太平盛世。他作《戏子由》《吴中田妇谈》等诗,将巡行属县所见所闻,百姓民间疾苦反映得淋漓尽致,讽刺"新法"。在杭州城内,苏轼看到的是"市易法"公布后,小民商贩怨声载道皆以为苦,挑水、理发、卖粥、卖茶的小贩,货栈旅店酒肆游舫的商人不交税钱就不能营业。税收层层加码,有的货物税钱超过了本钱,有的小商贩甚至于以死抗争,凡此种种,不一而足。

苏轼在担任进士"解试"考官时,针对文风时弊作有《送杭州进士诗叙》,反对"新学"独断学术,倡导学术自由。当年底,苏轼受命监视开挖"运盐河"工程,其间到湖州等地考察堤岸堡坎技术,实地调查访问,收集到很多民情民意,以此为素材作《赠孙莘老七绝》等诗,指责劳民伤财违背人心的工程,抗拒"新法"实施。

熙宁六年(公元1073年),杭州出现多年不遇的大旱,天久无雨,赤地千里,人民无以为生,常常是风起沙飞,天昏地暗,百姓扶老携幼,疲夫羸老塞道,忧愁困苦,身无完衣。地方官吏催逼灾民交还青苗法所贷本息,情况好的有钱人家买麦麸吃,贫穷百姓只能以草根木实充饥,还要被加上锁械刑具负瓦揭木,卖产以偿还官钱,饥民离乡逃走的,不绝于道。苏轼为民请命上书朝廷,请求赈济灾民,作《论新法进流民图疏》,强烈呼吁停止王安石变法,减租减息减赋,减轻劳动人民负担,文本到达中书省,王安石派系人物拒绝向上传达,郑侠③谎称是边务急件,设法直接呈送神宗皇帝,神宗皇帝边读边叹息,阅后辗转反侧,彻夜未眠。翌日,下令开封府发放免行钱,三司使查察市易法,司农发放常平仓粮,三卫上报熙河用兵之事,诸路上报人民流散原因,青苗、免役法暂停追索,方田、保甲法一起罢除,共采取了十八条措施。民间欢呼相贺,神宗又下《责躬诏》,求直言。

在古代社会,儒家思想构建的"家国天下"的伦理秩序,很容易让帝王们产生"朕即天下"的意志行为,老百姓处于从属地位,而苏轼则洞察到了君王与天下之间的辩证关系,天下不是君王的,是老百姓的。因此,他有充足的理由劝谏君王要重视老百姓的地位。苏轼在杭州任职期间,他虽然是辅助主官,但他没有缺位,担当起了应尽的责任,无论是创作的诗歌,还是上奏的文书,绝大多数都是从老百姓的利益出发,为老百姓奔走呼号的。

苏轼不仅爱杭州的老百姓,还钟情于杭州的山山水水,在处理政务之后的闲暇时,他常常游历于当地的山川景物之中,吟诗作词,歌颂大好河山,在杭州留下的诗篇中著名的有《饮湖上初晴后雨》。

饮湖上初晴后雨

其一

朝曦迎客艳重冈,晚雨留人入醉乡。
此意自佳君不会,一杯当属水仙王。

其二

水光潋滟晴方好,山色空蒙雨亦奇。
欲把西湖比西子,淡妆浓抹总相宜。

  大致意思是,天色朦胧就去迎候远道而来的客人,晨曦渐渐地染红了群山。傍晚泛舟西湖,天上飘来了一阵阵雨,客人不胜酒力已渐入醉乡。西湖晴雨皆宜,如此迷人,但客人并没有完全领略到。如要感受人间天堂的神奇美丽,还是应酌酒和西湖的守护神"水仙王"一同鉴赏。

  晴天里,西湖水波荡漾,在阳光照耀下,光彩熠熠,美极了。下雨时,远处的山笼罩在烟雨之中,时隐时现,眼前一片迷茫,这朦胧的景色也是非常漂亮的。如果把美丽的西湖比作美人西施,那么淡妆也好,浓妆也罢,总能很好地烘托出她的天生丽质和迷人神韵。

  这组诗共二首,但许多选本只看中第二首,因而第一首已鲜为人知。其实第二首虽好,却是第一首的注脚。第一首所说的"此意自佳君不会"的"此意",正是指第二首所写的西湖晴雨咸宜,如美人之淡妆浓抹各尽其态。不选第一首,题中的"饮"字也无着落。苏轼的意思是说,多数人游湖都喜欢晴天,殊不知雨中湖山也自有其佳处。湖上有水仙王庙,庙中的神灵是整天守在湖边,看遍了西湖的风风雨雨、晴波丽日的,一定会同意自己的审美观点,因而作者要请水仙王共同举杯。这一首的首句中"艳"字用得十分精到,把晨曦的绚丽多姿形容得美不胜收。若只看第二首,则"浓抹"一层意思便失之抽象。

  第二首诗的上半首既写了西湖的水光山色,也写了西湖的晴姿雨态。"水光潋滟晴方好"描写西湖晴天的水光:在灿烂的阳光照耀下,西湖水波荡漾,波光闪闪,十分美丽。"山色空蒙雨亦奇"描写雨天的山色:在雨幕笼罩下,西湖周围的群山,迷迷茫茫,若有若无,非常奇妙。从第一首诗可知,这一天诗人陪着客人在西湖游宴终日,早晨阳光明艳,后来转阴,入暮后下起雨来。而在善于领略自然并对西湖有深厚感情的诗人眼中,无论是水是山,或晴或雨,都是美好奇妙的。从"晴方好""雨亦奇"这一赞评,可以想见在不同天气下的湖山胜景,也可想见诗人即景挥毫时的兴奋及其洒脱的性格、开阔的胸怀。上半首写的景是交换、对应之景,情是广泛、豪宕之情,情景交融,句间情景相对,西湖之美概写无余,诗人苏轼之情表现无遗。

  下半首诗里,诗人没有紧承前两句,进一步运用他的写气图貌之笔来描绘湖山的晴光雨色,而是以貌取神,只用一个既空灵又贴切的妙喻就传出了湖山的神韵。喻体和本体之间,除了从字面看,西湖与西子同有一个"西"字外,诗人的着眼点所在只是当前的西湖之美,在韵味上,与想象中的西施之美有其可意会而不可言传的相似之处。而正因西湖与西子都是其美在神,所以对西湖来说,晴也好,雨也好,对西子来说,淡妆也好,浓抹也好,都无改其美,而只能增添其美。对这个比喻,存在有两种相反的解说:一说认为诗人"是以晴天的西湖比淡妆的西子,以雨天的西湖比浓妆的西子";一说认为诗人是"以晴天比浓妆,雨天比淡妆"。两说都各有所见,各有所据。但就才情横溢的诗人而言,这是妙手偶得的取神之喻,诗思偶到的神来之笔,只是一时心与景会,从西湖的美景联想到作为美的化身的西子,从西湖的"晴方好""雨亦奇",想象西子应也是"淡妆浓抹总相宜",当其设喻之际、下笔之时,恐怕未必拘泥于晴与雨二者,何者指浓妆,何者指淡妆。欣赏这首诗时,如果一定要使浓妆、淡妆分属晴、雨,可能反而有损于比喻的完整性、诗思的空灵美。

陈衍在《宋诗精华录》中评第二首后二句:"遂成为西湖定评。"王文诰在《苏文忠公诗编注集成》中称第二首诗是"前无古人,后无来者"的"名篇"。这首诗的历史定位是,说到杭州,就会联想到西湖,看到西湖,就会想到苏轼,这是谁也无法解开的一个情结。

杭州对于苏轼而言,是一个神奇的地方,这次出任,政治理想和报复没有实现,留下了遗憾,上天在关闭这个窗户的同时,又为他开启了另外一个窗户,那就是他的词创作,成就了苏轼在中国文史上的最高地位。在杭州时,柳永④的词在民间盛行,遍及歌坊酒楼,为歌女和少年钟情,苏轼并未看好,离开杭州前,他开始认真阅读秦观的词,发现文学可以抒发理想与壮志,与自己的现实不谋而合,在盛情称赞之后,他从杭州出发,开始正式步入词坛,几月后任职密州时,创作的几首著名的词,代表了苏轼词创作的最高成就,以自己的光辉实践,走到了宋词的顶峰。在中国文学史上,唐诗宋词比肩,说到宋词,必言苏词,苏词是在杭州扬帆启程的。

苏轼第二次出任杭州知州,是在十八年后的元祐四年(公元1089年),其时54岁。之前,苏轼经历了人生起落和多次政治斗争的洗礼,包括牢狱之灾的生死较量,几番折腾,几起几落,终于走到自己官场生涯的顶峰,以龙图阁学士(三品官职)知杭州,领军浙西,成为一方政务军事最高长官,终于有了独立决断造福百姓的机会。此时的苏轼,已经成为继欧阳修、司马光之后的文坛领袖,虽然他一贯主张忠于朝廷,厌恶拉帮结派,但他不可避免被视为反对新法的旧党核心,遭到了所谓新党的嫉恨攻讦,离京任职脱离是非之地是为上策。此时新皇帝哲宗尚未成年,主政的皇太后对苏轼十分器重,多方庇护且言听计从,苏轼正是利用这样的有利条件,才能在杭州大展宏图大有所为。苏轼在即将离京赴任前应范纯仁⑤请求,作《范文正公集叙》,在介绍范文正公的同时,亦对自己的人生经历进行了回忆,因文采飞扬、言辞切切,此文现收入中学课文。苏轼此行,带上了秦观⑥的弟弟秦觏同行,于七月到达杭州。这次,苏轼作为首席长官,身份不同了,到任就开始履职,第一任务就是实现自己早年的愿望,带领杭州人民治理西湖水利工程。为什么要治理西湖,苏轼在他的奏议《杭州乞度牒开西湖状》里这样写道:"(西湖)自国初以来,稍废不治,水涸草生,渐成葑田。熙宁中,臣通判本州,则湖之葑合,盖十二三耳。至今才十六七年之间,遂埋塞其半。父老皆言十年以来,水浅葑合,如云翳空,倏忽便满,更二十年,无西湖矣"。

这就是当时西湖面临的问题,葑草在湖中疯长,已经堵塞了半个西湖,如果不整治,再过二十年西湖就消失了。

苏轼的另一道奏折《申三省起请开湖六条状》里引用了钱塘县尉许敦仁的话写道:西湖水

浅,葑苇壮猛,虽尽力开撩,而三二年间,人工不继,则随手葑合,与不开同。

这也说明了西湖需要历代人不断治理,及时清理湖中葑草、淤泥,才能保障西湖的美洁无瑕。在治理工程中清理出来的葑草、淤泥,可以作为土方料回填到湖边,就近筑起一条长堤。堤体为南北走向,南起南屏山北麓、北至北山,纵贯湖面,距湖西岸约500米,距湖东岸约2300米,把湖面分为西小东大的两部分。堤有6桥相接,长约3000米,堤宽30~40米,高出湖面0.4米,是跨湖连通南北两岸的唯一通道,穿越了整个西湖水域,为观赏全湖景观的最佳地带。沿堤栽植杨柳、碧桃等观赏树木以及大量花草,还有几座单孔半圆石拱桥,自南而北依次为映波、锁澜、望山、压堤、东(束)浦、跨虹。施工中,民工体力消耗极大,补充营养改善伙食成为一大难题,苏轼以政府名义调集大量猪肉,亲自给伙夫们示范了一道家常菜,取偏肥的猪肉,切成块状,加入盐、豆酱油等,微火烹饪而成,色彩光亮,肥而不腻,营养充足,深受大家喜爱,人们亲切地称为"东坡红烧肉",至今在江浙一带非常流行,视为一道名菜。西湖工程最多的时候动用了二十多万民工,可见工程之浩大,人们为了永远记住这项千秋功业,纪念苏轼,将其筑成的湖堤取名为"苏堤"。后来,为了避免湖面水草再度滋生,苏轼想到了一个方法,就是把西湖沿岸部分开垦出来,让当地农民种菱角,承包某一地段的农民,必须定期清理淤泥和水草。他还为此上书中书省,请求免去农民种植菱角的税收,免收部分要全部用于西湖和湖堤的保养,一举两得。西湖治理好了,水清了,空气新鲜了,苏轼给杭州人民办了一件大好事,至今还在杭州老百姓当中口耳相传。杭州因西湖之水闻名而成为北宋规模空前的城邦,跃居当时全国第一大城市。

杭州城内由于人口稠密,老百姓生活水平低下,城市卫生条件差,每次遇上洪水旱涝自然灾害以后,即伴随瘟疫流行,当年一入冬,就在城内发现许多人手脚冰凉,腹痛腹泻,发热恶寒,肢节疼肿,不知道是什么原因,求医无果,不少人因此死亡。一时间,市场药价飞涨,领头的是"金万药铺",接到老百姓举报以后,苏轼当即用行政措施惩罚药铺奸商,迅速稳定了药价市场。

之前,苏轼第一次到杭州上任,遇上城内大面积暴发瘟疫,当时的官员反应迟钝,控制不力,又想瞒报,结果是愈演愈烈,导致大量百姓死亡。苏轼曾上书朝廷,但人微言轻,没有引起重视,因此还得罪了不少人,只能写诗表达心中无奈,几时归去,做个闲人,不到一年即被换任。他还记得,当年因为"乌台诗案"被捕的时候,杭州人纷纷在街上设龛拜祭,替他解灾。

苏轼被人们称为"通才",在医学上是非常内行的,他曾写过不少医学著作,后人编辑为《苏沈良方》一书。他经过仔细研究分析,认定这种几年反复一次,秋来春去,频频发生的瘟疫传染性极强,必须隔离治疗,随即以行政命令将有瘟疫症状的病人隔离起来,有效控制病毒在人与人之间互相传播,遏制了病毒爆发的趋势,此举确实取得了一定的效果。但杭州城内医疗条件有限,药物贫乏,没有像样的地方收治病人,苏轼不禁长叹起来。其妻王闰之问他:"你曾学过医,知道这种瘟疫属于哪一类吗?"苏轼说:"我观其症状,属于湿疹一类。""这可以用我们的'圣散子'来治啊"。"说的也是。但杭州人多,我们哪来那么多钱呢?""拿我的首饰变卖,开个药房,施舍'圣散子'。"苏轼觉得这个办法好,于是,变卖了妻子陪嫁的首饰,加上平时的积蓄共筹黄金50两;另一方面,他又动员有钱人和朋友募捐,得钱两千缗。他把这些钱称为"基金",在杭州城区众安桥旁边找了一处闲置的院子,请来自己的好朋友、西湖智果寺的主持当管理者,另雇了几名护理人员,办起了一所名为"安乐坊"的医院,集中收治无钱就医的老百姓(相当于现在的公立医院)。值得一提的是,"安乐坊"实际上就是最早的公立医院,这种运作模式引起了朝廷的极大关注,迅速在全国普及。苏轼还邀来本地名医庞安时一同坐堂问诊,并亲自将"圣散子"秘方传授给庞安时。在杭州老百姓眼里,一位地方长官,写诗作词是文豪,书法绘画是大家,品茗喝酒是里手,兴修水利在行,美食烹饪精道,医治病人能行吗?老百姓担心苏轼,受治病人忐忑不安。其实,苏轼不仅在医学上是个内行,在医道上也颇为精通,他向病人讲解治病先治心,首先要有战胜疾病的信心,平时要注意卫生保健,养身、养心,精气神是关键。"心静则神清,心定则神凝。""物之来也,吾无所增,物之去也,吾无所亏。"《苏东坡全集》第四卷《圣散子叙》有记载:"用'圣散子'者……状至危急者,连饮数剂,即汗出气通,饮食稍进,神宇完复。"此方很见效,先后治好1000多名贫困病人。"圣散子"实际上是一服中药汤剂,主要由厚朴、半夏、甘草、草豆蔻、木猪苓、柴胡、藿香、石菖蒲等制成。苏轼治瘟疫的"圣散子"秘方是从哪里来的呢?原来是他从四川老乡巢谷那里学来的,巢谷出于友谊,把家传秘方传给苏轼,并要求苏轼莫传他人。但是,苏轼为了拯救百姓,毅然将秘方传授给了庞安时,让秘方发挥更为巨大的作用,这样,巢谷的名字和"圣散子"药方就在民间广为流传。在苏东坡离任后,"安乐坊"改名为"安济坊"继续收治病人。

在短短一年多时间内,苏轼在杭州兴利除弊,留下了不少真正的政绩工程。除去疏浚西湖、建造安乐坊以外,他还向朝廷申请拨款,多方斡旋,破格宋以来制定的"官不修衙"的规矩,修缮了五代吴越王时期遗留的老旧官舍,趁机改造了城门和粮仓,拓宽街道并美化环境,使城市面貌焕然一新。他还鼓励民间资金发掘地方资源,发展旅游业和文化产业,拉动市场经济,扩大内需,用优惠政策支持酿酒、制茶等特色行业。当年的杭州城内市场繁荣,作坊、商铺、酒肆遍布街面,茶楼旅店门庭若市,寺庙道观香客拜佛问道络绎不绝,南北商人摩肩接踵,经商贸易生意兴隆,船舫歌舞灯红酒绿,天堂杭州名副其实成为大宋的一颗明珠;他还在城内开通新运河,疏浚盐道保障航运,方便商贾南来北往,杭州经济风生水起;他还改造了城内的自来水管道,将竹筒做的引水管换成坚固的陶瓦管道,据记载,在这些引水管道和配套的水库建成后,杭州城内家家户户的老百姓都可以喝上西湖的淡水。

苏轼在杭州的执政业绩,达到了自己人生的巅峰,他早年著有《策略一》,是其政治理想的充分体现。"制治于未乱,保邦于未危。"苏轼所面临的实际情况,是历朝历代都不曾有过的,他讥刺那些沉迷于训诂,妄图以三代之旧文,汉唐之遗章来达到富强目的的士子。他认为国家要富强,时代要前进,人民要安康,就要探索出一条符合北宋发展特色的自己的道路。因此,在政治定位和国策方略中,他既不完全同意王安石的变法,也不完全同意司马光的政见,就在情理之中了。

那么,如何才能实现国家富强呢?苏轼在杭州执政的政治基础就是:以民为本。这些理念,可以看成现代人民主意识的萌芽,所以有人说,苏轼是最具有现代性的古人智者,他以一位政治家的胸怀,认为"聚则为君民,散则为仇雠,聚散之间,不容毫厘。"作为地方长官,他虽然享有至高无上的尊崇和权力,但也处于一种危险至极的地位,"是故古之圣人,不恃其有可畏之资,而是恃其有可爱之实;不恃其有不可拔之势,而恃其有不忍叛之心",这些都是国家安稳太平,政权永固长存的重要理念。反之,如果不能得到民心,而以虚名凌势、恐吓控制百姓,"一旦有急,是皆行道之人,掉臂而去,尚安得而用之"。帝王和当政者,只有明白了这个道理,把握好君臣和官民的关系,以民为本,深结天下之心,得民心者才能得天下,体恤百姓才能做好父母官,得到人民的拥护和爱戴。

苏轼第二次到杭州任知州之时,曾借用周武王治理天下的典故,来说明治国理政安顺万民应当敦教化,兴学校,重德育,从而使社会风气趋向文明。他以身作则,认为对老百姓承诺的事情,即使再难,也应当创造条件办到,通过自己捐资、省财政费用、免税利等方式,让利于老百姓,提高为政为官的公信力,建立良好的社会伦理道德秩序。使老百姓知道廉、谦、仁、义,"如此,则教化天下之实,固已立矣。"通过制度建设,让亲戚邻里之间相亲相爱,有困难互相帮助,有喜事互相庆贺,人们平安无事,邻里和谐相处,更无争端是非,基本实现了学有所教、劳有所得、病有所医、老有所养、住有所居的生动局面。仁爱苏轼,深明大德,以天下为己任,在杭州为政期间,实践了自己少年时代立下的"奋励当世忠诚有为"志向,实现了自己远大的政治抱负,无论是"苏堤春晓"还是"安乐医坊",还有"西湖荡舟",都是留给中华民族和子孙后代的一笔宝贵的精神和物质财富。

苏轼先后两次在杭州生活只有短暂的五年,但和杭州人民缔结的友谊和感情,胜过十年百年,他不是杭州人,称杭州为"第二故乡",但杭州人民不这样认为,坚称杭州是苏轼的第一故乡,从官员到百姓,从僧人到歌妓,没有一个不这样肯定的,他们坚信苏轼既是杭州人民的父母官,也是杭州人民的亲生儿子,在宝石山麓望湖楼、大麦岭题名刻石、龙井过溪亭、吴山感花岩诗碑等地,都能够看到苏轼在杭州勤政爱民留下的痕迹,面对这些景物,不禁让人触景生情,因为这些,让人能够体验到苏轼与杭州人民血浓于水的情感,能够感受苏轼热爱杭州人民的一颗赤子之心,能够咀嚼苏轼与杭州人民唇齿相依肝胆相照的甘味,能够触摸苏轼与杭州人民心心相印息息相通的脉搏。杭州人"家有画像,饮食必祝,又作生祠以报"。今天,杭州人民为了纪念他,除保留著名的"苏堤"外,还有东坡路、东坡楼、东坡大剧院、东坡艺苑、东坡纪念馆、东坡鱼、东坡肉以及无以计数的"东坡饭店"等。在景区,在学校,在街道,凡是有人的地方,都有苏轼的影子,苏轼已经成为杭州人民对内对外文化交流的一张名片。苏轼在杭州激情洋溢地写有300多首诗,其中咏叹西湖的有160多首,还不包括离开杭州以后续写的一些,成为千古留芳的佳话,已经被载入杭州的历史史册,已经被铸刻在中华文化史的丰碑上。

注释

①濮议,是宋英宗时代对生父尊礼濮安懿王赵允让的讨论,引起了一系列政治事件。宋仁宗无嗣,死后以濮安懿王允让之子赵曙继位,是为宋英宗。即位次年(治平二年),诏议崇奉生

父濮王典礼。侍御史吕诲、范纯仁、吕大防及司马光、贾黯等力主称仁宗为皇考,濮王为皇伯,而中书韩琦、欧阳修等则主张称濮王为皇考。英宗因立濮王园陵,贬吕诲、吕大防、范纯仁三人出外。旧史称之为"濮议"。

②司马光(公元1019年—1086年),字君实,号迂叟,汉族,陕州夏县(今山西夏县)涑水乡人,世称涑水先生。北宋政治家、史学家、文学家。历仕仁宗、英宗、神宗、哲宗四朝,卒赠太师、温国公,谥文正,为人温良谦恭、刚正不阿;对西夏、辽国采取割地忍让政策,并上《上哲宗乞还西夏六寨》,其人格堪称儒学教化下的典范。宋仁宗宝元元年(公元1038年),进士及第,累迁龙图阁直学士。宋神宗时,反对王安石变法,离开朝廷十五年,主持编纂了中国历史上第一部编年体通史《资治通鉴》。

③郑侠,字介夫,号"一拂居士""大庆居士",生于北宋庆历元年(公元1041年),27岁时高中进士,授将作郎,秘书省校书郎。

④柳永(约公元984年—约1053年),原名三变,字景庄,后改名柳永,字耆卿,因排行第七,又称柳七,福建崇安人,北宋著名词人,婉约派代表人物。柳永是第一位对宋词进行全面革新的词人,也是两宋词坛上创用词调最多的词人。柳永大力创作慢词,将敷陈其事的赋法移植于词,同时充分运用俚词俗语,以适俗的意象、淋漓尽致的铺叙、平淡无华的白描等独特的艺术个性,对宋词的发展产生了深远影响。

⑤范纯仁(公元1027年—1101年),字尧夫,谥忠宣。北宋大臣,人称"布衣宰相"。参知政事范仲淹次子。宋仁宗皇祐元年进士。曾从胡瑗、孙复学习。父亲殁没后才出仕知襄邑县,累官侍御史、同知谏院,出知河中府,徙成都路转运使。宋哲宗立,拜官给事中,元祐元年同知枢密院事,后拜相。宋哲宗亲政,累贬永州安置。范纯仁于宋徽宗登基后,官复观文殿大学士,后以目疾乞归。建中靖国年间去世,追赠开府仪同三司,谥号忠宣。著有《范忠宣公集》。

⑥秦观(公元1049年—1100年),字少游,一字太虚,江苏高邮人。被尊为婉约派一代词宗,别号邗沟居士,学者称其淮海居士。北宋文学家、词人,宋神宗元丰八年(公元1085年)进士。代表作品:《鹊桥仙》《淮海集》《淮海居士长短句》。曾任太学博士(即国立大学的教官)、秘书省正字、国史院编修官。

⑦引自苏轼《策略五》。

第四讲 密州出猎 揽辔澄清

按照宋朝的官员管理制度，地方官任期三年满，必须迁职，戏称为宦游。苏轼在杭州通判任上，已经三年满届，即便有很多事想做，也身不由己了。宋神宗熙宁七年（公元1074年），苏轼当年39岁，一代旷世英才出任密州知州，历时两年多时间。正处于"不惑之年"，理想和抱负激励他大踏步高调地进入了人生的成熟期，鞭策他在各个方面都做出了突出的成就和骄人的业绩，成为他光辉灿烂一生的重要阶段。

苏轼出任密州，朝廷给予许多桂冠，朝奉郎、尚书部员外郎、直史馆、知密州军州事、骑都尉等一串官名，从职别来讲，是升迁了。这些称呼中，有职、有阶（六品）、有衔、有勋、无爵（祖上布衣），有些称呼表明身份，没有实权，装饰虚名，处在官场，很多场合还是必要的。当年九月苏轼离开杭州，一路向东，在上任的途中，他窃喜，密州离弟弟苏辙任职的济南较近，何不借道去看看分别了三年、牵肠挂肚的弟弟。父母去世多年，剩下的唯一亲人就是苏辙，身为长兄，古俗有"长兄为父"之说，父情兄义交织，该去看看。途经高邮时，苏轼得到消息，密州府上主官位置缺席多日，需要他紧急上任。为此，苏轼不敢怠慢，一路风尘，马不停蹄，十月底赶到了密州。

密州，现在的山东省诸城市，在山东东南面。宋时，是一座不起眼的城市，经济发展滞后，社会文明程度低下，"寂寞山城""火冷灯稀霜露下"。

苏轼从江南鱼米水乡来到满眼荒凉的偏僻之野，两相比较，内心一下子失落起来，这里的政治经济文化、生活条件实在无法与富庶的江南杭州相比，上任伊始，面临几个非常棘手的问题，急需整治和改革，如旱蝗之灾、饥民盗匪、冤假错案、无故弃婴等，这些关系国计民生的事情，全都摆在苏轼的面前。他深知，知州的权利毕竟有限，有些问题无法从根本上解决，王安石变法①后期的"人为之祸"造成了老百姓生活的极度贫困，眼看朝中吕惠卿之流借变法之名排除异己，忠君报国勇为之士被迫无所作为，朝廷不以此为过，反而加害于民，苏轼等一批忠诚官员又无回天之力，他陷入极度苦闷之中。这段时间，焦虑中的苏轼在妻子王闰之的启发下，开始重新阅读《老子》，其自身固有的乐观天性融入了老子的《齐物论》②思想，在灵魂深处发生了微妙的转变，旷达超然铸成了苏轼重要的文化性格，这也无意中为后来他能够面对现实，积极入世，敢于担当，承受种种挫折打击注入了坚定的精神元素，谁也不会想到密州之任竟是苏轼人生中最重要的转折期。

苏轼刚到密州不久，即遇上上元节，他借机在城内溜达了一圈，将自己对密州的感受写进了到密州的第一首词《蝶恋花·密州上元》中。

蝶恋花·密州上元

灯火钱塘三五夜,明月如霜,照见人如画。帐底吹笙香吐麝,更无一点尘随马。

寂寞山城人老也!击鼓吹箫,却入农桑社。火冷灯稀霜露下,昏昏雪意云垂野。

这首词在苏词中,有开先河的意义,此词确是"有境界"之作,写出了对"凡耳目之所接者"的真实感受,抒发了对国计民生的忧患之情。内容、笔墨不囿于成规,直抒胸臆,意之所到,笔亦随之,不求工而自工。此词运用了转折、反衬等章法技巧,体现出了词人当时的境遇和心情。

上阕描写杭州元宵景致,作者此时是刚来密州任知州,正好遇到元宵佳节,在街上看灯、观月时的情景和由此而产生的感想。词句虽不多,却也"有声有色"。写灯、写月、写人,声色交错,充分展现了杭州元宵节的热闹、繁荣景象。

下阕描写密州上元。"寂寞山城人老也"是一句过片,使情调陡然一转,用"寂寞"二字,将前面"钱塘三五夜"那一片热闹景象全部移来,为密州上元作反衬,形成鲜明的对比,写出了密州上元的寂寞冷清。无须多着一字,便觉清冷萧索。结句"火冷灯稀霜露下,昏昏雪意云垂野"不但写出了密州气候的寒冷,而且也让人感觉到环境的空旷苍凉。

作者"曾经沧海难为水",见过了杭州上元的热闹,再来看密州上元自觉凄清。更何况他这一次由杭州调知密州,环境和条件出现了很大的变化,心情完全不同。首先,密州不比杭州,贫穷、劳顿又粗陋,再无江南之诗情。而更让他感到"寂寞",感到郁郁不乐的是这里连年蝗旱,民不聊生。作为一个爱民之官,他又怎能快乐开怀呢?这位刚到任年仅四十的"使君"不禁有"人老也"之叹。他这上元之夜,随意闲行,听到箫鼓之声,走去一看,原来是村民正举行社祭,祈求丰年。这里农民祈年的场面和箫鼓之声,让作者久久不能离去。直到夜深"火冷灯稀霜露下",郊外彤云四垂,阴霾欲雪。"昏昏雪意云垂野"一句,表面上意象凄惨,却是写出了他心中的希望,有一种"瑞雪兆丰年"的喜悦之情。

苏轼从杭州通判到密州知州,由副手变成了地方行政长官一把手,责任不同了。要做好一名"勤于吏知"的官员,实属不易。苏轼从政的思想基础,源于儒家的"安贫"、道家的"自然"和佛禅的"不二",三者融会贯通,形成了一种顺应世界、平等和谐、豁达潇洒的人生态度。他的骨子里始终具有致君尧舜爱国为民、勇于担当守正创新的忠敬精神,在这种精神的驱动下,很快他便投入到了治理密州的实际行动上。

密州的蝗灾,在全国是出了名的一害。苏轼"见民以蒿蔓裹蝗虫而埋之道左,累累相望者,二百余里,"感到既恐怖又寒心。蝗灾是伴随旱灾而来,当时的境况是"自今岁秋旱,种麦不得,直至十月十三日方得数寸雨雪,而地冷难种,虽种不生,比常年十分中只种得二三。"③如此的旱情严重影响了农业生产,苏轼把当地常见的蝗灾和旱灾看似不相连的两件事辩证地联系在一起治理。蝗灾严重是因为常年旱灾引起的,终年缺水,为蝗虫的繁殖和生长提供了天然条件,因此,要根治蝗灾,就要先想办法灭掉蝗虫,要灭掉蝗虫,就要从源头抓起,直接捣毁蝗虫生长繁殖的老巢。所以,他请教当地有经验的老者,探索引水的方法,亲自踏勘容易寻找到水源的山野丛林,在他的感召下,老百姓自发加入寻找水源的队伍中,皇天不负有心人,有志者事竟成,终于在不到半年的时间里,在常山发现"庙门之西南十五步,有泉汪洋折旋如车轮,清凉滑甘,冬夏若一……乃琢石为井,其深七尺,广三之二。"水源的发现,解决了常年干旱的现状,农业生产和生活用水基本能够满足。同时,为消灭蝗虫,解决蝗虫灾害创造了条件。为了保护好水源,保障长流不息,政府给老百姓搞科普,不要恶意开采,要合理使用,发现水势下降,及时报告,水源周围,常年保持植被旺盛,不要人为破坏。接下来是治理隔两年一次的蝗灾,苏轼在请教了老家眉山有经验的农民后,采取治标又治本的办法,治本是跟踪蝗虫,发现巢穴,灭其幼卵,烫浇火烧,直捣老窝,破除其繁殖的基地。政府还对发现者和积极参与整治者给予物质奖励,"州县募民捕蝗,每掘得其子,以斗升计,而给民米寡有数焉",捕蝗能够"得米济饥还小补"。治标的办法是教会老百姓,蝗虫一片飞来时,即点燃草干,撒上中草药烟熏,这样反复多次,泛滥成灾的蝗虫,基本被抑制了。农民的庄稼得到了保护,农业收成有了保障,农民的生活逐步走出贫困。

以前,密州是一个很贫穷的地方,人民生活非常艰难,一些人由于生活的逼迫,走向盗贼之路,长此以往,社会治安混乱不堪,老百姓没有安全感,怨声载道。经过实地调查,因为"密州民俗武悍,恃(特)好强劫,加以比岁荐饥,椎剽之奸,殆无虚日。"苏轼在《论河北京东盗贼状》中阐述了盗贼产生的根源:"寻常检放灾伤,依法须是检行根苗,以定所放分数。今来二麦元不曾种,即无根苗可检,官吏守法,无缘放。若夏税一例不放,则人户必至逃移。寻常逃移,犹有逐熟去处,今千里无麦,去将安往,但恐良民举为盗矣。……欲乞河北、京东逐路选差臣僚一员,体量放税,更不检视。"希望朝廷直接"选差臣僚一员"调研民情"体谅放税"。苏轼甚至进一步考虑到:"若未欲如此施行,即乞将夏税解斗,取今日以前五年酌中一年实直,令三等以上人户,取便纳见钱或正色,其四等以下,且行倚阁。……侯至秋熟,并将秋色折纳夏税。"只有减缓赋税,老百姓才"不致大段失所",有了基本生活保障,强盗才不会迅速增多,社会才能够更趋于稳定。

苏轼曾在《策别安万民一》中阐述:"求利太广,而用法太密","民日趋于贫",道德开始堕落。在这种情况下国家可以通过使"难行之言,当有所必行;而可取之利,当有所不取","食其言,去其贪","以教民信,而示之义"。国家对老百姓应当"多予、少取、放活",让老百姓在社会生活中得到实惠,就能防止民众因为争利而互相欺诈,因为生活所迫走向犯罪的道路。苏轼在密州采取两手抓的措施,一方面,以身作则,利用知州的身份,在密州粮食匮乏的情况下,"日食杞菊",敦促教化,倡导艰苦朴素之风;另一方面,用强硬手段,严厉打击不法犯罪分子,整顿社会秩序。《宋史·本传》及《东坡先生墓志铭》中均记载一个故事:密州有一帮盗贼,四处抢劫掠杀,弄得百姓不安,安抚司派遣三班使臣率领悍卒到密州来拘捕。苏轼曾有诗写所谓"磨刀入谷追穷寇"者,即指此事。

这班外来"悍卒",比盗贼更横暴凶残,他们甚至用禁物设赃,诬陷百姓,借机强掠其家。当地百姓奋起与之争斗而致杀人,悍卒畏罪惊溃,企图另行作乱,密州老百姓纷纷来到州衙投状哭诉。苏轼故意将其诉状扔在地上说:"必不至于有如此之事。"采用欲擒故纵的计谋,那些要作乱的悍卒闻听此言心中安定,并未逃跑。苏轼便派人到各处去把这些散兵召集起来,迫使他们招认自己的罪过,当苏轼取到人证物证之后,便按律分别处以死刑。

苏轼的执政执法理念,是在法律面前,人人平等,尊重和保障人权,官府应根据情况分别对待盗贼,分类处理,如盗贼的主从,必勘问根由详尽再落实之;"信赏必罚,以威克恩,不以侥幸废刑,不以灾伤挠法,如此而人心不革,盗贼不衰者,未之有也。"于是"明立购赏,随获随给,人事竞劝,盗亦敛迹",密州的社会治安迅速得到稳定。

苏轼到密州仅用一年多的时间,基本控制了蝗灾和旱灾的蔓延,又强力打击盗贼,稳定社会秩序,成效卓然。恢复和发展经济,提高人民生活水平成为首要任务。

京东地区临海一片,是宋代海盐的主要产区,密州的涛雒场是京东地区的重要产盐场地之一,中央政府专门在此设置场务经营管理,是为官榷食盐,严禁私人贩卖交易。但是对于河北、京东地区来说"自来官不榷盐,小民仰以为生",更何况"近年盐课日增","至熙宁六年,增至四十九万九千余贯。"原本京东地区应有的盐政生态是:"煮海之利,天以养活小民,是以不忍尽取其利,济惠鳏寡,阴销盗贼。"也就是说,不管是朝廷还是老百姓都能从食盐的产销中获利,老百姓虽是微利,但有收入,生产积极性高,养家糊口能维持正常生活,社会秩序也相对稳定。苏轼到密州后发现,朝廷盐税急剧增长,特别是执行新的盐税法,打破了原有的经济生态平衡状态,虽然"去年一年,比祖额增二万贯,却支捉贼赏钱一万一千余贯",朝廷和地方政府并没有真正从盐课的增长中获利,百姓则"偷税则赏重,纳税则利轻,欲为农夫,又值凶岁,若不为盗,惟有忍饥。"

面对这样的形势,解决问题的关键在于禁止官方榷盐,适当地允许老百姓贩盐,恢复原来的经济生态环境。其实早在苏轼之前的密州知州蔡齐,就曾于当时发生旱灾时"请弛盐禁",并"因岁旱,除公田租数千担",苏轼上书朝廷提出减免税收和禁官榷的建议是有历史根据的。具体办法是:"应贩盐小客,截自三百斤以下,并与权免收税,仍官给印本空头关子与灶户及长引大客,令上历破,使逐旋书填月日姓名斤两与小客。限十日内更不行用,如敢借名为人影带,分减盐货,许诸色人陈告,重立赏罚。"这样放税后势必存在"盐税大亏"的隐忧,但苏轼看来未必如此,他继续议论到:"今小商不出税钱,则所在争来分买(大盐商的积盐),大商既不积滞,则轮流贩卖,收税必多。……损益相补,必无大亏之理。……若特放三百斤以下盐税半年,则两路之民,人人受赐,贫民有衣食之路,富民无盗贼之忧。"

在苏轼看来,有限度地减免小商小贩的盐税,不仅有助于老百姓度过灾荒,稳定生活,盗贼危患程度也会随之减轻,大盐商的食盐销路也更加畅通,国家的盐税收入也"必无大亏之理"。退一步看,"纵使(盐税)亏失,不过却只得祖额元钱,……苟朝廷捐十万贯钱,买此两路之人不为盗贼,所由多矣。"即使是朝廷的盐税有亏损,能够换来京东地区的社会稳定也是值当的。再退一步讲,在严重的灾情面前,朝廷即使"特出一二十万贯,散与人户",其结果也只能是"人得一贯,只及二十万人,而一贯之钱,亦未能济其性命",良民为盗的局面也就得不到控制,最终还是加重灾荒中的"人祸"成分,危及朝廷的统治。这些肺腑之言,实际上是在为朝廷敲警钟,不要与民争利,要善待老百姓,维持儒家思想构建的家国天下的伦理秩序,讲明了国家与老百姓的辩证关系,劝谏朝廷一定要重视老百姓的地位,即"水能载舟,也能覆舟"。苏轼的这些思想是非常到位的,明面是说社会经济问题,暗里阐明了安定团结巩固政权的国家大事,机智敏慧,博大精深,无人及也。

慈悲苏轼,在密州还有一个家喻户晓的动人故事——善举救弃婴。苏轼对人的怜悯仁爱之心,是在小时候母亲的教导下形成的,家中院子内的小动物,包括小小的麻雀,都是他的好朋友,一个小动物遇到不幸,都会让他非常难过。他在《次韵刘贡父、李公择见寄》一诗中沉痛地写出了"洒涕循城拾弃孩"的事实,并向友人叙述了拯救弃婴的经过:"轼向在密州,遇饥年,民多弃子。因盘量劝诱米,得出剩数百石别储之,专以收养弃儿,月给六斗,比期年,养者与儿,皆有父母之爱,遂不失所,所活亦数千人。"苏轼对贫苦老百姓充满同情心,在密州从政两年,与老百姓命运休戚相关,天降大雪,他便想到"今年好风雪,会见麦千堆";遇到灾情,便自责"秋禾不满眼,宿麦种亦稀";"平生五千卷,一字不救饥①"。

密州在苏轼卓越的政治才干,勇为的担当精神,勤政廉洁的行政作风下,揽辔澄清,百废俱兴,出现了一派生机。熙宁九年(公元1076年)底苏轼调离密州时,接任的知州孔宗翰恳请苏轼说上两句,苏轼说,我只说一句,希望让密州的老百姓过上好日子:"何以累君子?十万贫与赢"。苏轼离别密州时,全体老百姓遮道哭泣,嚎声一片,洒泪相送,不忍分别。苏轼离任后,密州人民为了怀念他,市民们在城西彭氏园中立上苏轼塑像,经常前往拜谒。元丰八年(公元1085年)十月,苏轼赴登州任太守途中路经密州小住,时任知州霍翔在超然台上设宴招待,百姓听说后都来看望。"重来父老喜我在,扶携老幼相遮攀",那些曾被苏轼收养的弃儿及其养父母,都相继赶往州衙拜谢救命恩人,"当时襁褓皆七尺,而我安得留朱颜","山中儿童拍手笑,问我西去何时还?"场面极为感人。

苏轼在密州的收获是满满的,政治上满载荣誉,文学上高峰突起。离任杭州时,他刻意对当朝红极一时的几位词人的词创作,特别是柳永、李清照等人,进行研究分析,总觉得宋词不应该是这种现状,发展空间非常大,有能够走到唐诗高度的文化底蕴,因此,致力于宋词的发展。果然,聪明盖世的苏轼,一代文豪的桂冠,非他莫属。现在来看苏轼在密州期间创作的三首名词,字字苍劲有力,句句震撼人心,段段洪钟大吕。

熙宁八年(公元1075年)正月二十日,是苏轼亡妻王弗十年忌日。为此,苏轼写下了这首千古流传的悼亡词。

江城子·乙卯正月二十日夜记梦

十年生死两茫茫,不思量,自难忘。千里孤坟,无处话凄凉。纵使相逢应不识,尘满面,鬓如霜。

夜来幽梦忽还乡,小轩窗,正梳妆。相顾无言,惟有泪千行。料得年年肠断处,明月夜,短松冈。

而用词写悼亡,是苏轼的首创。苏轼的这首悼亡之作与前人相比,它的表现艺术却另具特色。这首词是"记梦",而且明确写了做梦的日子。但虽说是"记梦",其实只有下片五句是记梦境,其他都是抒胸臆。

开头三句,排空而下,真情直语,感人至深。"十年生死两茫茫",生死相隔,死者对人世是茫然无知了,而活着的人对逝者也是同样的。恩爱夫妻,撒手永诀,时间倏忽,转瞬十年。"不思量,自难忘",人虽云亡,而过去美好的情景"自难忘"怀。因为作者时至中年,那种共担忧患的夫妻感情,久而弥笃,是一时一刻都不能消除的。作者将"不思量"与"自难忘"并举,利用这两组看似矛盾的心态之间的张力,真实而深刻地揭示自己内心的情感。十年忌辰,触动人心的日子里,他不能"不思量"那聪慧明理的贤内助。往事蓦然来到心间,久蓄的情感潜流,忽如闸门大开,奔腾澎湃难以遏止。于是乎有梦,是真实而又自然的。

"千里孤坟,无处话凄凉"。想到爱妻华年早逝,感慨万千,远隔千里,无处可以话凄凉,话说得极为沉痛。抹除了生死界线的痴语、情语,极大程度上表达了作者孤独寂寞、凄凉无助而又急于向人诉说的情感,格外感人。接着,"纵使相逢应不识,尘满面,鬓如霜。"这三个长短句,又把现实与梦幻混同了起来,把死别后的个人种种忧愤,包括在容颜的苍老、形体的衰败之中,这时他才四十岁,已经"鬓如霜"了。明明她辞别人世已经十年,却要"纵使相逢",这是一种绝望的、不可能的假设,感情是深沉、悲痛而又无奈的,表现了作者对爱侣的深切怀念,也把个人的变化做了形象的描绘,使这首词的意义更加深了一层。

苏东坡曾在《亡妻王氏墓志铭》记述了"妇从汝于艰难,不可忘也"的父训。而此词写得如梦如幻,似真非真,其间真情恐怕不是仅仅依从父命,感于身世吧。作者索于心、托于梦的确是一份"不思量,自难忘"的患难深情。

下片的头五句,才入了题开始"记梦"。"夜来幽梦忽还乡"写自己在梦中忽然回到了时常怀念的故乡,在那个两人曾共度甜蜜岁月的地方相聚、重逢。"小轩窗,正梳妆。"那小室,亲切而又熟悉,她情态容貌,依稀当年,正在梳妆打扮。这犹如结婚未久的少妇,形象很美,带出苏轼当年的闺房之乐。作者以这样一个常见而难忘的场景表达了爱侣在自己心目中永恒的印象。夫妻相见,没有出现久别重逢、卿卿我我的亲昵,而是"相顾无言,惟有泪千行!"这正是东坡笔力奇崛之处,妙绝千古。"此时无声胜有声",无声之胜,全在于此。别后种种从何说起,只有任凭泪水倾落。一个梦,把过去拉了回来,但当年的美好情景,并不存在。这是把现实的感受融入了梦中,使这个梦也令人感到无限凄凉。

结尾三句,又从梦境落回到现实上来。"料得年年肠断处;明月夜,短松冈。"料想长眠地下的爱侣,在年年伤逝的这个日子,为了眷恋人世、难舍亲人而柔肠寸断。推己至人,作者设想此时亡妻一个人在凄冷幽独的"明月"之夜的心境,可谓用心良苦。在这里作者设想死者的痛苦,以寓自己的悼念之情。东坡此词最后这三句,意深,痛巨,余音袅袅,让人回味无穷。特别是"明月夜,短松冈"二句,凄清幽独,黯然魂销。这番痴情苦心实可感天动地。

这首词运用分合顿挫、虚实结合以及叙述白描等多种艺术表现方法来表达作者怀念亡妻的思想感情,在对亡妻的哀思中又糅进自己的身世感慨,因而将夫妻之间的情感表达得深婉而执着,使人读后无不为之动情而感叹哀惋,被誉为"千古第一悼亡词"。

当年十月,苏轼在密州祭常山后回府,与同行官员会猎于铁沟附近,将这段酣畅淋漓的狩猎活动,写成《江城子·密州出猎》。苏轼词的独特风格于密州时期正式形成,这首词即公认的第一首豪放词。他自己颇为自得,在给友人的信中曾写道:"近却颇作小词,虽无柳七郎风味,亦自是一家。呵呵。数日前,猎于郊外,所获颇多,作得一阕,令东州壮士抵掌顿足而歌之,吹笛击鼓以为节,颇壮观也。"

江城子·密州出猎

老夫聊发少年狂,左牵黄,右擎苍,锦帽貂裘,千骑卷平冈。为报倾城随太守,亲射虎,看孙郎。

酒酣胸胆尚开张,鬓微霜,又何妨!持节云中,何日遣冯唐?会挽雕弓如满月,西北望,射天狼。

这是苏轼较早抒发爱国情怀的一首豪放词,在题材和意境方面都具有开拓意义。词的上阕叙事,下阕抒情,气势雄豪,淋漓酣畅,一洗绮罗香泽之态,读之令人耳目一新。首三句直出会猎题意,次写围猎时的装束和盛况,然后转写自己的感想:决心亲自射杀猛虎,答谢全城军民的深情厚谊。过片以后,叙述猎后开怀畅饮,并以魏尚自比,希望能够承担起卫国守边的重任。结尾直抒胸臆,抒发杀敌报国的豪情:总有一天,要把弓弦拉得像满月一样,射掉那贪残成性的"天狼星",将西北边境上的敌人统统一扫而光。苏轼这首词在偎红倚翠、浅斟低唱之风盛行的北宋词坛可谓别具一格,自成一体,对南宋爱国词有直接影响。作者对此阕也颇感自豪,在《与鲜于子骏书》中,他曾说此词"令东州壮士抵掌顿足而歌之,吹笛击鼓以为节,颇壮观也","自是一家"。

熙宁九年(公元1076年)八月,苏轼在密州即将任满,离愁别绪油然而生,最思念的是离别了六年的弟弟苏辙。八月中秋节到了,思念之情得到总爆发,一坛醉酒后,挥就而成了被中国文学史上称为"中秋绝唱"的《水调歌头·明月几时有》。

水调歌头·明月几时有

丙辰中秋,欢饮达旦,大醉,作此篇,兼怀子由。

明月几时有?把酒问青天。不知天上宫阙,今夕是何年。我欲乘风归去,又恐琼楼玉宇,高处不胜寒。起舞弄清影,何似在人间。

转朱阁,低绮户,照无眠。不应有恨,何事长向别时圆?人有悲欢离合,月有阴晴圆缺,此事古难全。但愿人长久,千里共婵娟。

词人运用形象的描绘手法,勾勒出一种皓月当空、亲人千里、孤高旷远的境界氛围,反衬自己遗世独立的意绪和往昔的神话传说融合一处,在月的阴晴圆缺当中,渗进浓厚的哲学意味,可以说是一首将自然和社会高度契合的感喟作品。

词前小序说:"丙辰中秋,欢饮达旦,大醉,作此篇,兼怀子由。"丙辰,是公元1076年(北宋神宗熙宁九年)。中秋夜,苏轼一边赏月一边饮酒,直到天亮,于是写下这首《水调歌头》。苏轼一生以崇尚儒学、讲究实务为主。但他也"韬龀好道",中年以后,又曾表示过"归依佛僧",是经常处在儒释道的纠葛当中的。每当挫折失意之际,则老庄思想上升,借以帮助自己解释穷通进退的困惑。尽管当时"面貌加丰",颇有一些旷达表现,也难以遮掩深藏内心的郁愤。这首中秋词,正是此种宦途险恶体验的升华与总结。"大醉"遣怀是主,"兼怀子由"是辅。对于一贯秉持"尊主泽民"节操的作者来说,手足分离和私情,比起廷忧边患的国势来说,毕竟属于次要的伦理负荷。此点在题序中有深奥微妙的提示。

在月亮这一意象上集中了人类无限美好的憧憬与理想。苏轼是一位性格豪放、气质浪漫的文学家,当他抬头遥望中秋明月时,其思想情感犹如长上了翅膀,天上人间自由翱翔。反映到词里,遂形成了一种豪放洒脱的风格。

此词上片望月,既怀超宜兴致,高接混茫,而又脚踏实地,自具雅量。一开始就提出一个问题:明月是从什么时候开始有的——"明月几时有?把酒问青天。"把酒问天这一细节与屈原的《天问》和李白的《把酒问月》有相似之处。其问之痴迷、想之逸尘,确实有一种类似的精、气、神贯注在里面。从创作动因上来说,屈原《天问》洋洋170余问的磅礴诗情,是在他被放逐后彷徨山泽、经历陵陆,在楚先王庙及公卿祠堂仰见"图画天地山川神灵"及"古贤圣怪物行事"后"呵而问之"的(王逸《楚辞章句·天问序》),是情景触碰激荡的产物。李白的《把酒问月》诗自注是:"故人贾淳令予问之。"应当也是即兴遣怀之作。苏轼此词正如小序中所言是中秋望月,欢饮达旦后的狂想之曲,亦属"仁兴之作"(王国维《人间词话》)。它们都有起得突兀、问得离奇的特点。从创作心理上来说,屈原在步入先王庙堂之前就已经是"嗟号昊旻,仰天叹息"(王逸《楚辞章句·天问序》),处于情感迷狂的精神状态,故呵问青天,"似痴非痴,愤极悲极"(胡浚源《楚辞新注求确》)。李白是"唯愿当歌对酒时,月光长照金樽里"(《把酒问月》),那种因失意怅惘的郁勃意绪,也是鼻息可闻的。苏轼此词作于丙辰年,时因反对王安石新法而自请外任密州。既有对朝廷政局的强烈关注,又有期望重返汴京的复杂心情,故时逢中秋,一饮而醉,意兴在阑珊中饶有律动。三人的创作心理实是脉络暗通的。

苏轼把青天当作自己的朋友,把酒相问,显示了他豪放的性格和不凡的气魄。李白在《把酒问月》一诗中说:"青天有月来几时?我今停杯一问之。"不过李白这里的语气比较舒缓,苏轼因为是想飞往月宫,所以语气更关注、更迫切。"明月几时有?"这个问题好像是在追溯明月的起源、宇宙的起源;又好像是在惊叹造化的巧妙,可以从中感受到诗人对明月的赞美与向往。

接下来两句:"不知天上宫阙,今夕是何年。"把对于明月的赞美与向往之情更推进了一层。诗人想象那一定是一个好日子,所以月才这样圆、这样亮。他很想去看一看,所以接着说:"我欲乘风归去,又恐琼楼玉宇,高处不胜寒。"唐人称李白为"谪仙",黄庭坚则称苏轼与李白为"两谪仙",苏轼自己也设想前生是月中人,因而起"乘风归去"之想。他想乘风飞向月宫,又怕那里的琼楼玉宇太高了,受不住那儿的寒冷。"琼楼玉宇",语出《大业拾遗记》⑤:"瞿乾祐于江岸玩月,或谓此中何有?瞿笑曰:'可随我观之。'俄见月规半天,琼楼玉宇烂然。""不胜寒",暗用

《明皇杂录》中的典故：八月十五日夜，叶静能邀明皇游月宫。临行，叶叫他穿皮衣。到月宫，果然高寒难耐。这几句明写月宫的高寒，暗示月光的皎洁，把那种既向往天上又留恋人间的矛盾心理十分含蓄地写了出来。这里还有两个字值得注意，就是"我欲乘风归去"的"归去"，也许是因为苏轼对明月十分向往，早已把那里当成自己的归宿了。从苏轼的思想看来，他受道家的影响较深，抱着超然物外的生活态度，又喜欢道教的养生之术，所以常有出世登仙的想法。他的《前赤壁赋》描写月下泛舟时那种飘飘欲仙的感觉说："浩浩乎如冯虚御风，而不知其所止；飘飘乎如遗世独立，羽化而登仙。"也是由望月而想到登仙，可以和这首词互相印证。词人之所以有这种脱离人世、超越自然的奇想，一方面来自他对宇宙奥秘的好奇，另一方面更主要的是来自对现实人间的不满。人世间有如此多的不称心、不满意之事，迫使词人幻想摆脱这烦恼人世，到琼楼玉宇中去过逍遥自在的神仙生活。苏轼后来贬官到黄州，时时有类似的奇想，所谓"小舟从此逝，江海寄余生"。然而，在词中这仅仅是一种打算，未及展开，便被另一种相反的思想打断："又恐琼楼玉宇，高处不胜寒"。这两句急转直下，天上的"琼楼玉宇"虽然富丽堂皇，美好非凡，但那里高寒难耐，不可久居。词人故意找出天上的美中不足，来坚定自己留在人间的决心。一正一反，更表露出词人对人间生活的热爱。同时，这里依然在写中秋月景，读者可以体会到月亮的美好，以及月光的寒气逼人。这一转折，写出词人既留恋人间又向往天上的矛盾心理。这种矛盾能够更深刻地说明词人留恋人世、热爱生活的思想感情，显示了词人开阔的心胸与超远的志向，因此为歌词带来一种旷达的作风。

苏轼是大家公认的生活中的强者，热爱生活是他的一种本能，"起舞弄清影，何似在人间！"与其飞往高寒的月宫，还不如留在人间趁着月光起舞呢！"清影"，是指月光之下自己清朗的身影。"起舞弄清影"，是与自己的清影为伴，一起舞蹈嬉戏的意思。李白在《月下独酌》中说："我歌月徘徊，我舞影零乱。"苏轼的"起舞弄清影"就是从这里脱胎出来的。"高处不胜寒"并非作者不愿归去的根本原因，"起舞弄清影，何似在人间"才是根本之所在。与其飞往高寒的月宫，还不如留在人间，在月光下起舞，最起码还可以与自己的清影为伴。这首词从幻想上天写起，写到这里又回到热爱人间的感情上来。从"我欲"到"又恐"至"何似"的心理转折开阖中，展示了苏轼情感的波澜起伏。他终于从幻觉回到现实，在出世与入世的矛盾纠葛中，入世思想最终占了上风。"何似在人间"是毫无疑问的肯定，雄健的笔力显示了情感的强烈。

下片怀人，即兼怀子由，由中秋的圆月联想到人间的离别，同时感念人生的离合无常。"转朱阁，低绮户，照无眠。"这里既指自己怀念弟弟的深情，又可以泛指那些中秋佳节因不能与亲人团圆以致难以入眠的一切离人。"无眠"是泛指那些因为不能和亲人团圆而感到忧伤，以致不能入睡的人。词人无理地埋怨明月说："明月您总不该有什么怨恨吧，为什么老是在人们离别的时候才圆呢？"相形之下，更加重了离人的愁苦了。这是埋怨明月故意与人为难，给人增添忧愁，无理的语气进一步衬托出词人思念胞弟的手足深情，却又含蓄地表示了对于不幸的离人们的同情。

接着，诗人把笔锋一转，说出了一番宽慰的话来为明月开脱："人固然有悲欢离合，月也有阴晴圆缺。她有被乌云遮住的时候，有亏损残缺的时候，她也有她的遗憾，自古以来世上就难有十全十美的事。"这三句从人到月、从古到今做了高度的概括。从语气上,好像是代明月回答前面的提问;从结构上,又是推开一层,从人、月对立过渡到人、月融合。为月亮开脱,实质上还是为了强调对人事的达观,同时寄托对未来的希望。因为,月有圆时,人也有相聚之时,很有哲理意味。

词的最后说:"但愿人长久,千里共婵娟。""婵娟"是美好的样子,这里指嫦娥,也就是代指明月。"共婵娟"就是共明月的意思,典故出自南朝谢庄的《月赋》:"隔千里兮共明月。"既然人间的离别是难免的,那么只要亲人长久健在,即使远隔千里也还可以通过普照世界的明月把两地联系起来,把彼此的心沟通在一起。"但愿人长久",是要突破时间的局限;"千里共婵娟",是要打通空间的阻隔,让对于明月的共同的爱把彼此分离的人结合在一起。古人有"神交"的说法,要好的朋友天各一方,不能见面,却能以精神相通。"千里共婵娟"也可以说是一种神交了,这两句并非一般的自慰和共勉,而是表现了作者处理时间、空间以及人生这样一些重大问题所持的态度,充分显示出词人精神境界的丰富博大。王勃有两句诗:"海内存知己,天涯若比邻。"意味深长,传为佳句,与"千里共婵娟"有异曲同工之妙。另外,张九龄的《望月怀远》说:"海上生明月,天涯共此时。"许浑的《秋霁寄远》说:"唯应待明月,千里与君同。"都可以互相参看。但愿人人年年平安,相隔千里也能共享着美好的月光,表达了作者的祝福和对亲人的思念,表现了作者旷达的态度和乐观的精神。苏轼就是把前人的诗意化解到自己的作品中,熔铸成一种普遍性的情感。正如词前小序所说,这首词表达了对弟弟苏辙(字子由)的怀念之情,但并不限于此。可以说这首词是苏轼在中秋之夜,对一切经受着离别之苦的人表示的美好祝愿。

此篇是苏词代表作之一。从艺术成就上看,它构思奇拔,畦径独辟,极富浪漫主义色彩,是历来公认的中秋词中的绝唱。从表现方面来说,词的前半纵写,后半横叙。上片高屋建瓴,下片峰回路转。前半是对历代神话的推陈出新,也是对魏晋六朝仙诗的递嬗发展。后半纯用白描,人月双及。它名为演绎物理,实则阐释人事。笔致错综回环,摇曳多姿。从布局方面来说,上片凌空而起,入处似虚;下片波澜层叠,返虚转实。最后虚实交错,纡徐作结。全词设景清丽雄阔,以咏月为中心表达了游仙"归去"与直舞"人间"、欲离与入世的矛盾和困惑以及旷达自适、人生长久的乐观态度和美好愿望,极富哲理与人情。立意高远,构思新颖,意境清新如画。最后以旷达情怀收束,是词人情怀的自然流露。情韵兼胜,境界壮美,具有很高的审美价值。此词全篇皆是佳句,典型地体现出苏词清雄旷达的风格。

注释

①王安石变法是宋神宗时期,王安石发动的旨在改变北宋建国以来积贫积弱局面的一场社会改革运动。变法自熙宁二年(公元1069年)开始,至元丰八年(公元1085年)宋神宗去世结束,故亦称熙宁变法、熙丰变法。王安石变法以发展生产、富国强兵、挽救宋朝政治危机为目的,以"理财""整军"为中心,涉及政治、经济、军事、社会、文化各个方面,是中国古代史上继商

鞅变法之后又一次规模巨大的社会变革运动。

②《齐物论》是《庄子·内篇》的第二篇。全篇由五个相对独立的故事连珠并列组成,故事与故事之间虽然没有表示关联的语句和段落,但内容上却有统一的主题思想贯穿着,而且在概括性和思想深度上逐步加深提高,呈现出一种似连非连、若断若续、前后贯通、首尾呼应的精巧结构。

③引自《苏东坡全集》卷五十二 奏议六首。

④引自苏轼《和孔郎中荆林马上见寄》。

⑤《大业拾遗记》亦名《隋遗录》,又名《南部烟花录》,是宋代传奇小说,全书二卷,不知何人所作,旧题唐颜师古撰,实则伪托。

第五讲 黄楼丰碑　天下为公

宋神宗熙宁九年（公元 1076 年）十一月中旬，苏轼离开密州，奔赴河中府新任，不料半路接到诏令，改任徐州知州。苏辙得知情况，前往澶、濮①之间迎候，兄弟二人相见，甚是欢心。他们寓居在开封城外的范氏园，驸马王诜送来一幅唐人韩干画马让诸位品评，文人相会，免不了四言八句，大家乘着兴致欣赏，苏轼作《书韩干牧马图》。

书韩干牧马图

南山之下，汧渭之间，想见开元天宝年。
八坊分屯临秦川，四十万匹如云烟。
骓駓骊骆骊骝騟，白鱼赤兔骍騜騥。
龙颅凤颈狞且妍，奇姿逸态隐驽顽。
碧眼胡儿手足鲜，岁时翦刷供帝闲。
柘袍临池侍三千，红妆照日光流渊。
楼下玉螭吐清寒，往来蹙踏生飞湍。
众工舐笔和朱铅，先生曹霸弟子韩。
厩马多肉尻脽圆，肉中画骨夸尤难。
金羁玉勒绣罗鞍，鞭箠刻烙伤天全，不如此图近自然。
平沙细草荒芊绵，惊鸿脱兔争后先。
王良挟策飞上天，何必俯首服短辕？

题画马的诗，自从杜甫写了《韦讽录事宅观曹将军画马图》等名作后，数百年间，几成绝响，到了苏轼，才继承杜甫，作了此诗及《韩干马十四匹》等优秀作品。

苏轼这首古风诗，题的是《牧马图》，起首便擒题，从韩干所处的时代及地点写起，说见了这幅图，仿佛见到了关中南山下、汧渭二水间开元、天宝年间养马的盛况。诗没有直接从图入手，故意示以迂回，便给人以突如其来的感觉。词句又有意长短参差，中间以排比，跳荡突兀。清方东树感叹说"如生龙活虎"，纪昀对这句式也很赞赏，说："若第二句去一'之'字作一句，神味便减。"古人论诗，认为贵在工于发端，清沈德潜《说诗晬语》卷上说"起手贵突兀"，并举王维"风劲角弓鸣"、杜甫"莽莽万重山""带甲满天地"、岑参"送客飞鸟外"等篇，认为"直疑高山坠石，不知其来，令人惊绝"。苏轼这首诗的开端也是如此，明明是题画，却对画不着一字，旁出奇兵，令人瞠目，为下吟咏铺设了广阔的余地。唐玄宗时，设置八坊，养有四十万匹，各种毛色的马都很齐全,而皇帝御厩中的马,气概更是不凡。从"八坊分屯"句至"往来蹴踏"句十二句,诗用绚丽的辞藻,铺排马的神态毛色,使人应接不暇。在形容时又各有侧重,二句写颜色,二句写神态,二句写牧马人应题;余下数句,又旁及宫廷盛况,带写到马,才思横溢,喷薄而出。诗的结句,又是苏轼借马陈述胸中的抱负,抒发自己的政治理想和远大抱负。

苏诗多奇句奇篇,这首诗尤为突出。诗是题画,但全诗真正涉及画的只有数句,所以纪昀说"章法奇绝",这批语正点出了苏诗恣肆不常的本色。

这次相会,算是给苏轼走马上任贺喜。几日后,苏轼兄弟乘船沿汴河东下,一路作诗吟词,好不愉快。当时苏辙即将赴任南京留守签判,苏轼作《初别子由》,以示挂念。约三月,到达徐州。是年苏轼40岁。

徐州,简称徐,又称"彭城",地处江苏省西北部、华北平原东南部、长江三角洲北翼,北倚微山湖,西连萧县,东临连云港,南接宿迁,京杭大运河从中穿过,素有"五省通衢"之称。徐州历史上为华夏九州之一,自古便是北国锁钥、南国门户、兵家必争之地和商贾云集中心。有超过6000年的文明史和2600年的建城史,被称为"帝王之乡",有"九朝帝王徐州籍"之说。徐州是两汉文化的发源地,有"彭祖故国、刘邦故里、项羽故都"之称,因其拥有大量文化遗产、名胜古迹和深厚的历史底蕴,也被称作"东方雅典"。

出任中原古城、经济文化重镇的徐州,可见朝廷对苏轼的高看和重用。苏轼在徐州担任太守的近两年时间里,和徐州人民一道,做出了许多利国利民的大事。在《三苏全集》中,载有《苏轼徙知徐州》,讲述的是苏轼为徐州抗洪救灾做出的贡献,赞颂他忠于职守舍生忘死的精神,宏才大略智慧非凡的思想,天下为公敢于担当的气魄,全文如下:

徙知徐州。河决曹村,泛于梁山泊,溢于南清河,汇于城下,涨不时泄,城将败,富民争出避水。轼曰:"富民出,民皆动摇,吾谁与守?吾在是,水决不能败城。"驱使复入。轼诣武卫营,呼卒长,曰:"河将害城,事急矣,虽禁军且为我尽力。"卒长曰:"太守犹不避涂潦,吾侪小人,当效命。"率其徒持畚锸以出,筑东南长堤,首起戏马台,尾属于城。雨日夜不止,城不沉者三版②。轼庐于其上,过家不入,使官吏分堵③以守,卒全其城。

说的是苏轼刚调任徐州不久(苏轼是当年三月上任的)。黄河在曹村附近决堤,在梁山泊泛滥,从南清河溢出,汇聚在徐州城下。周边的房屋、农田、山林以及部分人畜全被冲刷而去。幸存的百姓,扶老携幼,呼号于野,惨不忍睹。随着水势不断上涨,不久就要泄进城里,城墙即将被冲毁,伴着涛声如雷,狂风大作,徐州城池危在旦夕。城里的豪商巨富携带家眷财物率先争着逃出城去避难,贫穷人家欲逃不能,只好唉声叹气。全城人心浮动,一片混乱。苏轼说:"如果富人都出了城,民心一定会动摇,谁和我一起守城呢?只要有我在这里,就不会让决堤的水毁了城墙。"于是组织卫士将富民们截留下来,赶回城中,并令其共同参与防洪。苏轼拄着手杖赶到武卫营驻地,把卒长叫出来说:"河水将要冲进城里,事情很紧迫了,你们虽然是禁军也要暂且为我尽力。"卒长见状说:"太守您尚且不逃避洪水,我们这些小人物应当为您效力。"于是率领他的士兵拿着畚锸出营,修筑东南方向的长堤,堤坝从戏马台起,末尾与城墙相连。

雨日夜不停，没有受损的城墙只有三版。苏轼天天住在城上，即使经过家门也不入，派官吏们分别在城墙各处守卫，最终保全了徐州城。

洪水从七月下旬发起，一直到十月上旬方才退去，黄河回归河道东流入海，徐州城终于得到保全，人民生命财产没受什么损失。徐州人民欣喜若狂，载歌载舞，苏轼内心的喜悦更是无以言表，当即写下《河复》一首，以供大家在庆祝晚会上歌唱。诗中写道：

> 吾君盛德如唐尧，百神受职河神骄。
> 帝遣风诗下约束，北流夜起澶州桥。

此诗表达的情怀就是只要对国家有利，对人民负责，即使牺牲自己的生命也心甘情愿，怎么能因为有福祉就追求、有祸患就避开呢？纵观这次徐州城池面临生死存亡考验，地方行政长官的作为如何，苏轼用他的实际行动向徐州人民上交了一份满意的答卷。苏轼以他雄才大略的气概，运筹帷幄的智慧，指挥有方的果断，敢于斗争的精神，至少在以下五个方面做出了英明决策，保障了抗洪救灾的胜利。

其一，驱使富民回城，稳定民心。洪水围城之后，市民感到非常恐慌，纷纷寻找避险之路，部分富人首先带头，携带细软准备逃离。假如这部分人一旦离城出逃，势必引起人们的恐慌，从舆论到精神都会产生极其消极和负面的影响，严重影响全城人民众志成城团结抗洪的信心和决心，干扰官府组织大家共同保卫城市的有关政策的实施。苏轼当即以官府名义，发出条例，不准市民弃城而走，对已经行动的，不管是富人还是穷人，一律驱使回城，参加到抗洪战场第一线。此事受到了一些富人的干扰，苏轼不因为他们是富人而网开一面，而是用更加严厉的手段加以处置，迅速制止这些富人的行为，很快平息了这场富民弃城风波，为抗洪救灾，共同保卫城市稳定了人心、军心，聚集了人气，鼓舞了斗志，增强了信心。

其二，有政治担当，甘冒政治风险，请求武卫营支援。洪水围城，迫在眉睫，苏轼动员了一切可以动员的力量，参与到抗洪救灾第一线。当时驻城的禁军武卫营，直属枢密院指挥调遣，任何人无权派使，危难之际，苏轼甘冒政治风险，在洪水围城信息不畅请示朝廷来不及的情况下，毅然拍板，请求武卫营参与到抗洪斗争之中。苏轼以身临一线、昼夜不眠、与民共进的精神，感天动地，感化了武卫营的官兵，让武卫营的将士们毫无顾虑地参加到了抗洪第一线的斗争中，为抗洪救灾增添了一支生力军力量。武卫营迅即出动，带上工具和用品，军民携手共建防洪大堤，筑起铜墙铁壁，终于遏制了泛滥洪水，成功卫城。

其三，以身作则示范，坚守抗洪一线。洪水围城情况非常危急，所有传递到外面的信息都中断了，这个时候，最能体现一个地方行政长官的行政能力和决策思想。苏轼少年时代，在母亲的指导下，阅读《后汉书》，义士范滂在万马齐喑之时，敢于站出来抨击黑暗，指责时弊，甚至不惜牺牲自己的生命，苏轼得到的最大收益就是知识分子在国家危难之际，要勇于担当，站在潮流的潮头。苏轼将生死置之度外，不顾家人的反对，推辞同僚的阻挡，毅然决定自己为徐州抗洪第一责任人，并将抗洪指挥所由府内搬到河堤上，面对汹涌肆虐的洪水办公，决心一较高下。他不怕堤坝随时有垮塌的危险，将自己的性命和徐州的存亡系在一起，身披蓑衣，脚蹬草鞋，拄着木杖，昼夜吃住在第一线，哪里有危险就出现在哪里，与全体军民并肩战斗，用自己的行为，筑起一道抗洪救灾的精神长城。

其四，合理运用资源，推行分段承包制。回顾徐州抗洪，总结经验教训，发现苏轼在这场洪水抗击战役中，发挥了他的聪明智慧和科学思想。洪水突发，事前没有预警系统，大家不免有些慌乱，在组织程序和资源配备上，无法实现抵御洪水冲刷的势头，加之那段时间暴雨连日，洪水自北向南席卷而来，徐州城南面有山横截，大水无处倾泻，皆汇于城下。洪峰一次次来袭，徐州黄河段大堤水位超过警戒线，远远高于徐州地面，洪水暴雨交织，一时成为一座"头顶水缸"的城市。面对这种局面，苏轼立即调整了战略部署，将城内能够用于抗洪的一切资源，进行合理调配，避免浪费和流失，身强力壮者运送财物夯实堤坝，体力一般者安排在城内排涝疏通下水，妇女保障后勤给养。制定规章制度，立下军令状，实行承包责任制，分片分段包干，层层检查落实，严厉执行。

其五，请示朝廷资助，采树木构筑木岸。徐州经历了一场历史上洪水最大、围城时间最长的考验，在抗洪的关键时刻，筑堤的石块土方无法定位，洪水咆哮，汹涌澎湃，卷走了大量的泥土和石块，一时间，筑堤堡坎陷入僵局，正在人们束手无策的时候，苏轼发现漂浮在水面的一些木棒，可以互相支撑构建框架阻挡水势，他想起家乡岷江两岸也有一些堤坝，也是用竹篓装上石块为主体，周边填上泥沙而成的。于是，他果断命令用木材支撑框架，抛入水中，暂时遏制水流的凶势，然后借着机会再填入石块泥土，这个效果很好，很快在河堤沿岸推广。但是，需要大量木材，需砍伐一些大树取材。此事，得上报朝廷，得到允许才能执行。在征得朝廷同意后，大批工匠伐来树木，按照堡坎尺寸大小要求，做成不同形状的木材支架，置入水中，填上泥土和砂石，这样，泥土和砂石就能落地成型，不被洪水冲刷流失，一道木岸很快就屹立在徐州黄河段沿岸，有效地抵御了洪水对徐州城池的侵袭，史称"徐州保卫战"。在苏轼的指挥下，取得了完美胜利。宋神宗皇帝专门下诏表彰苏轼在徐州抗洪中的卓越表现。紧接着，苏轼又向朝廷递交了修建徐州防洪大堤的计划与预算报告，动用五千万钱、十万多斤粮、七千多民工，修筑了徐州防洪大堤，实现了他"相水之冲，以木堤捍之，水虽复至，不能以病徐也"的伟大构想。

第二年的九月九日，为纪念此次抗洪经历，徐州人民在城东门要冲处特意建筑了一座十丈高楼，涂上黄土，取名"黄楼"。按金、木、水、火、土"五行"之说，黄色为土，土可以抗水，抵御水的侵袭，水来无患。落成后，专门请了苏辙、秦观作《黄楼赋》，陈师道作《黄楼铭》，黄楼，已成为徐州这座城市悠久历史、灿烂文化的见证。

苏辙《黄楼赋》如下：

熙宁十年秋七月乙丑，河决于澶渊，东流入钜野，北溢于济南，南溢于泗。八月戊戌，水及彭城下，余兄子瞻适为彭城守。水未至，使民具畚锸、畜土石、积刍茭、完室陴穴以为水备，故水至而民不恐。自戊戌至九月戊申，水及城下，有二丈八尺，塞东、西、北门，水皆自城际山。雨昼夜不止，子瞻衣制履屦，庐于城上，调急夫、发禁卒以从事，令民无得窃出避水，以身帅之，与城存亡。故水大至而民不溃。方水之淫也，汗漫千余里，漂庐舍，败冢墓，老弱蔽川而下，壮者狂走,无所得食,槁死于丘陵林木之上。子瞻使习水者浮舟楫、载糗饵以济之,得脱者无数。水既涸,朝廷方塞澶渊,未暇及徐。子瞻曰:"澶渊诚塞,徐则无害,塞不塞天也,不可使徐人重被其患。"乃请增筑徐城,相水之冲,以木堤捍之,水虽复至,不能以病徐也。故水既去,而民益亲。于是即城之东门为大楼焉,垩以黄土,曰:"土实胜水"。徐人相劝成之。辙方从事于宋,将登黄楼,览观山川,吊水之遗迹,乃作黄楼之赋。其辞曰:

子瞻与客游于黄楼之上,客仰而望,俯而叹,曰:"噫嘻!殆哉!在汉元光,河决瓠子,腾蹇钜野,衍溢淮泗,梁、楚受害,二十余岁。下者为污泽,上者为沮洳。民为鱼鳖,郡县无所。天子封祀太山,徜徉东方,哀民之无辜,流死不藏,使公卿负薪,以塞宣房。瓠子之歌,至今伤之。嗟唯此邦,俯仰千载,河东倾而南泄,蹈汉世之遗害。包原隰而为一,窥吾墉之摧败。吕梁龃龉,横绝乎其前,四山连属,合围乎其外。水洄洑而不进,环孤城以为海。舞鱼龙于隍壑,阅帆樯于睥睨。方飘风之迅发,震鞞鼓之惊骇。诚蚁穴之不救,分间阓之横溃。幸冬日之既迫,水泉缩以自退。栖流槎于乔木,遗枯蚌于水裔。听澶渊之奏功,非天意吾谁赖。今我与公,冠冕裳衣,设几布筵,斗酒相属,饮酣乐作,开口而笑,夫岂偶然也哉?"

子瞻曰:"今夫安于乐者,不知乐之为乐也,必涉于害者而后知之。吾尝与子凭兹楼而四顾,览天宇之宏大,缭青山以为城,引长河而为带。平皋衍其如席,桑麻蔚乎旆旆。画阡陌之纵横,分园庐之向背。放田渔于江浦,散牛羊于堭际。清风时起,微云霮䨴。山川开阖,苍茫千里。东望则连山参差,与水背驰。群石倾奔,绝流而西。百步涌波,舟楫纷披。鱼鳖颠沛,没人所嬉。声崩震雷,城堞为危。南望则戏马之台,巨佛之峰,岿乎特起,下窥城中,楼观翱翔,巍峨相重。激水既平,渺茫浮空。骈洲接蒲,下与淮通。西望则山断为玦,伤心极目,麦熟禾秀,离离满隙,飞鸿群往,白鸟孤没,横烟澹澹,俯见落日。北望则泗水淡漫,古汴入焉,汇为涛渊,蛟龙所蟠,古木蔽空,乌鸟号呼,贾客连樯,联络城隅。送夕阳之西尽,导明月之东出。金钲涌于青嶂,阴氛为之辟易。窥人寰而直上,委余彩于沙碛。激飞楹而入户,使人体寒而战栗。息汹汹于群动,听川流之荡潏。可以起舞相命,一饮千石,遗弃忧患,超然自得。且子独不见夫昔之居此者乎?前则项籍、刘戊,后则光弼、建封。战马成群,猛士成林。振臂长啸,风动云兴。朱阁青楼,舞女歌童。势穷力竭,化为虚空。山高水深,草生郊墟。盖将问其遗老,既已灰灭,而无余矣。故吾将与子吊古人之既逝,闵河决于畴昔。知变化之无在,付杯酒以终日。"

于是众客释然而笑,颓然就醉,河倾月堕,携扶而出。

苏辙的这篇《黄楼赋》属于散文赋的范畴。散文赋是继六朝骈赋和唐代律赋之后出现的新的赋体。苏辙这篇赋,行文沉静简洁,取材典型,情感淡泊深远,运用手法多样,在思想内容的深厚和艺术技巧的成熟上堪称名篇,在宋代的散文赋中,也能占上一席地位。

在这篇文章里,苏辙描绘了黄泛的情景,记述了其兄的政绩,不仅有文学欣赏的价值,而且还有史料的价值。对研究黄河水患及苏轼的生平也有参考的价值。

苏轼亲自将苏辙所作《黄楼赋》书写下来,并刻碑留存。说起来这块石碑还有一段不平凡的经历:苏轼后来因"元祐奸党"案遭贬,崇宁二年(1103年)朝廷下诏:"应天下碑碣榜额,系苏轼书撰者,并一例除毁"。《黄楼赋》碑当然不能幸免。当时的徐州太守不忍心毁掉此碑,就把石碑丢弃到附近的壕沟中,"黄楼"也改名为"观风"。宣和末年,禁令稍懈,连皇家也开始收集苏轼的手稿,苏轼手迹的文字身价倍增。另一位颇有"商品意识"的徐州太守苗仲先,便令人把石碑从壕沟里挖了出来,星夜赶制了上千份拓本。事情做完之后,他又张扬说:"苏氏之学,法禁尚在,此石奈何独存?立碎之"。黄楼石碑被毁,苏轼手迹拓本便成为绝版,这位太守也因此而发了一笔横财。现存的《黄楼赋》碑是后人重建之物。

据史书记载,苏轼的友人、曾任淮南西路提刑的李常,在书中如是写到那次徐州抗洪的情形:在所有的道路都被洪水淹没的情况下,运输和协调如此大规模的防洪大军在一定的时间抵达一定的地点,其后勤工作的复杂性不亚于真枪实弹的战场。从人的生命角度出发,苏轼指挥的这场抗洪斗争甚至更加伟大。

徐州具有丰富的矿藏资源,煤炭就是其中之一。苏轼是善于发现的人,当他得知徐州地层蕴藏丰富的煤炭后,非常重视,积极组织科学勘探,合理开采,使当地的矿藏煤炭得到了有效的发掘,发展成为地方经济支柱产业,为宋朝科技建设发展、造福民生做出了杰出的贡献。苏轼的《石炭》是歌颂徐州人民开发采集煤炭的壮丽诗篇:"元丰元年十二月,始遣人访获于州之西南,白土镇之北。以冶铁作兵,犀利胜常云。"认识到开发煤炭对国民经济、社会发展、巩固国防的重要性,必须引起高度重视,自然资源是人类的宝贵财富,要充分珍惜,加以保护和利用。

石　　炭

君不见前年雨雪行人断,城中居民风裂骭。

湿薪半束抱衾裯,日暮敲门无处换。

岂料山中有遗宝,磊落如磐万车炭。

流膏迸液无人知,阵阵腥风自吹散。

根苗一发浩无际,万人鼓舞千人看。

投泥泼水愈光明,烁玉流金见精悍。

南山栗林渐可息,北山顽矿何劳锻。

为君铸作百炼刀,要斩长鲸为万段。

苏轼这首《石炭》是中国煤炭史上一曲赞歌,说明了北宋时代的科技发达程度,也是我国今天研究徐州煤矿发展史时间最早的一篇史料,它生动传神地刻画了古代劳动人民开采和利用煤炭的图景,对认识和了解北宋时期的政治经济科学文化具有很高的史料价值。煤炭的使用,给徐州人民的生活带来了极大的便利,解决了人民群众日常生活的燃料问题,同时,促进了当地炼钢业的飞速发展,用煤炭代替木材炼钢,既提高了工程效益,又保障了产品质量,大量森林得到保护,减少了环境污染,维持了生态平衡。

苏轼作为徐州父母官,他特别关切基层劳动人民的生活,更注意生活在最底层的一部分人——囚徒。当时的囚徒,大多是因为饥荒年代生活贫困、愚昧无知而被迫走上犯罪道路的。这些人在服刑期间,受到非人折磨,重则酷刑相加,轻则劳动量巨大,食不果腹,衣不蔽体,风餐露宿,经常生病,一有感染,一片一片发作,惨死不少。他对这些囚徒寄予了无限的同情和人道主义的关怀,经过仔细调查,据实向神宗皇帝上书,"执笔对之泣,哀此系中囚。"要求朝廷增派医生到监狱,为囚徒防病治病,提供道德上的礼遇,对于那些"饮食失时,药不当病而死者"和"非理参虐,或谋害致死"者,要追究相关人员的责任,还制定制度,严厉打击牢头狱霸,确保囚犯按律执行。

"古彭州官何其多,千古怀念唯苏公。"苏轼在徐州两年时间内,与徐州人民生死相依、荣辱与共,建立了深厚的感情。他在《灵璧张氏园亭记》当中写道:"余为彭城二年,乐其风土,将去不忍,而彭城之父老,亦莫余厌也,将买田于泗水之上而老焉。"苏轼在徐州的政绩是斐然的,历史有评价,人民有口碑,他心中非常明了,这里是一片热土,是第二故乡,将在这里买田置房,与徐州人民永远生活在一起。苏轼一生知州八处,唯有在徐州和杭州任职时间较长,其余各地均在半年左右,有的规划工程尚未启动,有的政务行事还在过程中,就匆匆离去。因而,苏轼历任知州的政绩,无论是规模还是影响,都无法与徐州时期相比,这便是所谓的"黄楼时期"。

苏轼在徐州约两年的时间,怀着对徐州人民和山山水水的深厚感情,作有170多首诗词,现在留存与苏轼有关的历史古迹有黄楼、快哉亭、放鹤亭、东坡石床、苏堤(徐州云龙湖的北大堤)等,皆是苏轼留给徐州人民宝贵的财富。苏轼离别徐州后,心中老是放不下那里的人民,每每思念之情,溢于言表,不久,作有《江城子·别徐州》。

江城子·别徐州

天涯流落思无穷。既相逢,却匆匆。携手佳人,和泪折残红。为问东风余几许?春纵在,与谁同?

隋堤三月水溶溶。背归鸿,去吴中。回首彭城,清泗与淮通。欲寄相思千点泪,流不到,楚江东。

此词作于元丰二年(公元1079)三月苏轼由徐州调知湖州途中。词中化用李商隐《无题》诗中"相见时难别亦难,东风无力百花残。春蚕到死丝方尽,蜡炬成灰泪始干"句意,将积郁的愁思注入即事即地的景物之中,抒发了作者对徐州风物人情无限留恋之情,并在离愁别绪中融入了深沉的身世之感。别恨是全词主旨,上片写别时情景,下片想象别后境况。

上片以感慨起调,言天涯流落,愁思茫茫,无穷无尽。"天涯流落",深寓词人的身世之感。苏轼外任多年,类同飘萍,自视亦天涯流落之人。他在徐州仅两年,又调往湖州,南北辗转,这就更增加了他的天涯流落之感。这一句同时也饱含着词人对猝然调离徐州的感慨。"既相逢,却匆匆"两句,转写自己与徐州人士的交往,对邂逅相逢的喜悦,对骤然分别的痛惜,得而复失的哀怨,溢于言表。"携手"两句,写他永远不能忘记自己最后离开此地时依依惜别的动人一幕。"携手佳人",借与佳人乍逢又别的感触言离愁。"和泪折残红",写作者面对落花,睹物伤怀,情思绵绵,辗转不忍离去,同时也是写离徐的时间,启过拍"为问"三句。末三句由残红而想到残春,因问东风尚余几许,感叹纵使春光仍在,而身离徐州,与谁同春!此三句通过写离徐后的孤单,道出对徐州的依恋,且笔触一波三折,婉转抑郁。

词的下片即景抒情,继续抒发上片未了之情。过片"隋堤三月水溶溶",是写词人离徐途中的真景,将浩荡的悲思注入东去的三月隋堤那溶溶春水中。"背归鸿,去吴中",亦写途中之景,而意极沉痛。春光明媚,鸿雁北归故居,而词人自己却与雁行相反,离开徐州热土,南去吴中湖州。苏轼显然是把徐州当成了他的故乡,而自叹不如归鸿。"彭城"即徐州城。"清泗与淮通"暗寓作者不忍离徐,而现实偏偏无情,不得不背鸿而去,故于途中频频回顾,直至去程已远,回顾之中,唯见清澈的泗水由西北而东南,向着淮水脉脉流去。看到泗水,触景生情,自然会想到徐州(泗水流经徐州)。歇拍三句,即景抒情,于沉痛之中交织着怅惘的情绪。徐州既相逢难再,因而词人欲托清泗流水把千滴相思之泪寄往徐州,怎奈楚江(指泗水)东流,相思难寄,怎不令词人怅然若失!托淮泗以寄泪,情真意厚,且想象丰富,造语精警;而楚江东流,又大有"自是人生长恨水长东"之意,感情沉痛、怅惘,读之令人肠断。

此词写别恨,写遗憾,分别是难舍难割的情感,遗憾是为徐州人民奉献太少。用虚怀若谷的胸襟,采用了化虚为实的艺术手法。作者由分别之地彭城,想到去途中沿泗入淮,向吴中新任所的曲折水路;又由别时之"和泪",想到别后的"寄泪"。这样,离愁别绪更显深沉、哀婉。结句"流不到,楚江东",别泪千点因春水溶溶而愈见浩荡,犹如一声绵长的浩叹,久远地回响在读者的心头。

苏轼在徐州期间,尽管公务繁忙,对文学的修养仍然孜孜不倦。当时,杭州的出版商已经出版了《元丰续添苏子瞻学士钱塘集》,高丽使者经过杭州,专门去选购。不久,又出版了《眉山集》。黄庭坚慕名请教苏轼,拜其为师,苦苦学习苏轼的诗作,并将自己的作品寄给苏轼,请予批评,苏轼作有《次韵黄鲁直见赠古风二首》与之交流。后来在词坛建树卓绝的秦观,入京参加科举考试路过徐州,亦前来拜苏轼为师,有诗赠于苏轼,苏轼作有《次韵秦观秀才见赠》。最可喜的是,苏东坡以徐州社会生活为背景创作了不少描写农村田园风光的词,著名的有《浣溪沙》。

浣 溪 沙

簌簌衣巾落枣花,村南村北响缫车④。牛衣⑤古柳卖黄瓜。
酒困路长惟欲睡,日高人渴漫思茶。敲门试问野人家。

词的开篇便是直截了当开门见山地叙述,词人的衣巾在风中簌簌作响,枣花随风飘落。村子的南北头响起缫车的吱呀声,是衣着朴素的农民在卖黄瓜,路途遥远,酒意上心头,昏昏然只想小憩一番。艳阳高照,无奈口渴难忍。于是敲开一家村民的屋门,问可否给碗茶?全词有景有人,有形有声有色,乡土气息浓郁。日高、路长、酒困、人渴,字面上表现旅途的劳累,但传达出的仍是欢畅喜悦之情,传出了主人公县令体恤民情的精神风貌。这首词既画出了初夏乡间生活的逼真画面,又记下了作者路途的经历和感受,为北宋词的社会内容开辟了新天地。所以说"全词有景有人,有声有色,乡土气息浓郁"。由此苏轼被称为文人词中第一个写农村题材的词人。

苏轼四十岁这年,走向了政治生涯的顶峰,如此辉煌卓越,犹如一颗冉冉升起的政治明星,正在放射出异彩。同时,也为自己的政治仕途,徒增了不少的烦劳。

 注释

①澶:澶州,今河南濮阳。濮:濮州,今山东鄄城北。
②版,古城墙之夹板,中填土石,夯实,垒而成墙。
③堵,古墙体单位,长与高各一丈为一堵。
④缫车:即缫丝车,抽茧出丝的器械。
⑤牛衣:蓑衣之类的用具,这里指穿牛衣的人。

第六讲 湖州惊魂 淡定人生

湖州位于浙江省北部,处于太湖之滨,是一座具有悠久历史的江南古城。早在楚考烈王五十五年(公元前248年),春申君就在此构筑城池,始置菰城县,以泽多菰草得名。北宋元丰二年(公元1079年)三月,苏轼由徐州任上调任湖州知州。

苏轼与湖州的渊源很深,一生中先后四次到过湖州。

第一次,宋神宗熙宁五年(公元1072年),苏轼任杭州通判时,受江南转运司差遣,帮助湖州知州孙觉勘察堤堰,提供治理水患的方略。孙觉知道苏轼是当代大文人,喜欢文化历史遗迹,便陪同其观看刚建成的墨妙亭,这里聚集了湖州史上有名的古碑三十余通。苏轼观后,感慨中华文化之伟大,挥翰作有《墨妙亭记》①和《孙莘老求墨妙亭诗》。

第二次,宋神宗熙宁七年(公元1074年)九月,苏轼离任杭州出任密州知州时,路过湖州,小息了几天。曾与当时的湖州知州李常、诗人张先等六人聚宴,张先作有《六客诗》,记叙了这次雅会的盛况,文人相见,不亦乐乎,桌上赋诗填词,情趣盎然,诗酒兴致。

第三次,北宋元丰二年(公元1079年)三月,苏轼由徐州任上调任湖州知州,刚上任四个月,当年七月底,因"乌台诗案"被御史台押送进京审查。这时苏轼正值事业巅峰跌入人生万丈深渊的转折点,也是从火热激情走向淡定人生的起点。

第四次,宋哲宗六年(公元1091年),苏轼由杭州升迁吏部尚书翰林学士,进京途中奉旨视察湖州、苏州等地水灾,代表朝廷处理沿途一带的水灾善后事宜。与曹子方、刘景文等文人在湖州欢聚,联想到当年在此作有《六客诗》,思绪联翩,作有《定风波·后六客词》,记载这件事。

苏轼刚到湖州,按照当时的官场惯例,也是例行公事,作《湖州谢上表》,略述自己过去无显著政绩可言,现朝廷又委以重任,出于谢恩,表示不忘栽培,继往开来。在文末对当朝局势谈了自己的一些观点,其间有几句所谓的"牢骚话":"陛下知其愚不适时,难以追陪新进;察其老不生事,或能牧养小民。"

句中"其"为自称,他以自己同"新进"相对,说自己不"生事",就是暗示"新进"人物"生事"。古代文人因为客观环境使然,总是习惯于在遣词造句上表现得十分微妙,而读者也养成一种习惯,本能地寻求字里行间的含义,御史台里的御史就是这样做的。六月,监察御史里行何正臣摘引"新进""生事"等语上奏,说苏轼"愚弄朝廷,妄自尊大"。这里还有一点背景,王安石变法期间,保守派和变法派斗争激烈,两派领袖分别是两位丞相司马光和王安石,因前者给后者的长信中有"生事"二字,于是"生事"成了攻击变法的习惯用语;"新进"则是苏轼对王安石引荐的新人的贬称,他曾在《上神宗皇帝》书里说王安石"招来新进勇锐之人,以图一切速成之效",结果是"近来朴拙之人愈少,而巧进之士益多"。后来正是曾拥护过王安石的"巧进之士"吕惠卿把王安石出卖了,使其罢相。北宋神宗年间苏轼出于"忠君爱国",对新法有不同政治见解,提出过不同意见,并在自己的诗文中表露了对新法的不满。当时,苏轼是文坛的领袖,政治舞台上的一颗新星,影响力和召感力非常大,所以,苏轼的诗词在社会上传播对新法的推行很不利,这已被大家所公认。

但单凭《湖州谢上表》里一两句话是不足以扳倒苏轼的。偏偏凑巧,当时出版的《元丰续添苏子瞻学士钱塘集》发行量很大,还推广到辽、夏等地,给御史台的官员们提供了收集材料的机会。监察御史里行舒亶(dǎn)经过四个月潜心钻研,断章取义,找了几首苏轼的诗,就上奏弹劾。

为什么会发生"乌台诗案"?"乌台"即宋朝廷最高执法机关御史台,《汉书·朱博传》曾记载,御史台中有柏树,乌鸦数千栖居其上,之后便称御史台为"乌台"。此诉讼发生于宋神宗元丰二年(公元1079年),监察御史里行何正臣等人,指控苏轼写诗文讪谤朝政,反对新法,指责皇帝。

宋神宗立即派人前往湖州拘捕苏轼,押解至京后投入御史台监狱。何正臣专门组织了一班子人马,在苏轼的作品中寻章觅句、望文生义、无限上纲、歪曲附会,指责他的诗文有"不臣之意",矛头直指皇帝,攻击朝廷,欲置苏轼于死地。

和历史上所有冤案一样,欲加之罪,何患无辞,御史台的奏章中引用"罪证"之多,不无得意;至于包藏祸心,怨望其上,讪渎谩骂,而无复人臣之节者,未有如轼也。盖陛下发钱(指青苗钱)以本业贫民,则曰"赢得儿童语音好,一年强半在城中";陛下明法以课试郡吏,则曰"读书万卷不读律,致君尧舜知无术";陛下兴水利,则曰"东海若知明主意,应教斥卤变桑田";陛下谨盐禁,则曰"岂是闻韶解忘味,迩来三月食无盐";其他触物即事,应口所言,无一不以讥谤为主。把苏轼和当今皇帝对立起来,恶意渲染,一时间,"山雨欲来风满楼",舆论倒向一边。

在前面举的例子中,"赢得"两句及"岂是"两句出自《山村五绝》;"东海"两句出自《八月十五日看潮五绝》;"读书"两句出自《戏子由》,均是苏轼任地方官时,面对现实生活的真实写照。

马上,国子博士李宜之、御史中丞李定狼狈为奸,沆瀣一气,他们历数苏轼的罪行,桩桩要害,件件见血,声称必须因其无礼于皇帝、无视于朝廷而斩首。李定举了四项理由说明为什么应当处苏轼极刑,"苏轼初无学术,滥得时名,偶中异科,遂叨儒馆。"接着说苏轼急于获得高位的目的,在于心中不满之下,乃讥讪权要。再次,皇帝对他宽容已久,宠爱有加,冀其改过自新,但是苏轼拒不从命,妄自菲薄。最后,虽然苏轼所写诗词荒谬浅薄,但对全国影响甚大,情节恶劣,"臣叨预执法,职在纠察,罪有不容,岂敢苟止?伏望陛下断自天衷,特行典宪,非特沮乖慝之气,抑亦奋忠良之心,好恶既明,风俗自革。"这些都是欲置苏轼死地而痛快之。

此时,苏轼的一个好友驸马王诜听到这个消息,赶紧派人去给在南京做官的苏辙送信,苏辙立刻派人去告诉苏轼,朝廷派出的钦差皇甫遵也同时出发,但苏辙的人先到。苏轼知道消息,急与通判等官员商量此事,如何应对,商议湖州事务由通判祖无颇权摄。

皇甫遵到时,湖州官衙的人员慌做一团,不知会有什么事发生。苏轼想回避一下,与通判商量，通判说："事已至此，无可奈何，需出见之。"苏轼一听，准备出去。祖无颇连忙提示："衣服，衣服。"苏轼说："既有罪，不可穿朝服。"祖无颇提醒道："未知罪名，仍当以朝服相见。"于是苏轼仍然穿上官衣官靴，面见钦差皇甫遵。

苏轼见气氛紧张，首先恭谦地说道："苏轼自来疏于口舌笔墨，着恼朝廷甚多，今日必是赐死。死固不敢辞，乞归与家人诀别。"

皇甫遵淡然道："不至于此。"命随从打开公文一看，是份普通文书，不过是指责苏轼以诗文讪谤朝廷，传唤进京调查核实而已，听候发落。要苏轼立即启程。

苏轼七月二十八日被逮捕，八月十八日送进御史台的监狱。二十日，被正式提讯。

苏轼先报上年龄、世系、籍贯、科举考中的年月，再叙历任的官职和有他推荐为官的人。他说，自为官始，他曾有两次记过处理记录。一次是任凤翔通判时，因与上官不和赌气而未出席官方仪典，被罚红铜八斤，书面检讨。另一次是在杭州任内，因属下小吏隐蔽挪用公款，未曾发现，未及时报呈，也被罚红铜八斤。"此外，别无不良记录。"

关于核心问题，无视皇帝、攻击朝廷、诽谤新法等，最初，苏轼承认，他游杭州附近村庄所作的《山村五绝》里"赢得儿童语音好，一年强半在城中"是讽刺青苗法的，"岂是闻韶解忘味，迩来三月食无盐"是讽刺盐法的。除此之外，其余文字均与时事政治无关，更无攻击朝廷之意。

到了二十二日，御史台审问他《八月十五日看潮五绝》里"东海若知明主意，应教斥卤变桑田"两句的用意，因为涉及皇上，需要谨慎回答。他拖到二十四日，才说是"讽刺朝廷水利之难成"，这是大实话，当时确实是水患不断。至于《戏子由》诗中有违抗"朝廷新兴律"的意思，直到二十八日才作了交代。

当时御史中丞李定向皇帝报告案情，说进展顺利，苏轼面对证据全都承认了。神宗一听大怒，怀疑苏轼要么是受刑不过，要么是有更大的秘密要隐藏。于是问李定可曾用刑，李定答道：苏轼名高当时，辞能惑众，为避人言，不敢用刑。神宗稍息，命御史台严加审查，一定要查出所有人。

到九月份，御史台已从苏轼家中搜出大量书信和朋友之间互赠的诗词，以及从四面八方汇集的资料。其中一百多首诗词在审问时呈阅，其时，有三十九人因此事受到牵连，其中官位较高的是司马光。王安石罢相的次年（1077年），苏轼寄赠司马光一首《独乐园》："先生独何事，四海望陶冶。儿童诵君实，走卒知司马。抚掌笑先生，年来效喑哑。"实际上是为司马光歌功颂德、重登相位大造舆论。御史台说这首诗藐视朝廷讽刺新法，苏轼被迫违心承认："此诗云四海苍生望司马光执政，陶冶天下，以讥讽见任执政不得其人。又言儿童走卒，皆知其姓字，终当进用……又言光却喑哑不言，意望依前上言攻击新法也。"御史台又得寸进尺，找到了痛斥"新进"的《次韵黄鲁直见赠古风二首》，抨击"生事"的《汤村开运盐河雨中督役》一诗。前者是与黄庭坚唱和的，后者寄赠好友王诜。

《次韵黄鲁直见赠古风二首》诗云："嘉谷卧风雨，稂莠登我场。陈前漫方丈，玉食惨无光。"苏轼自己解释说，前四句以讥讽当今之小人轻君子，如稂莠之夺嘉谷也，后面意言君子小人各自有时，如夏月蚊虻纵横，至秋自息，言黄庭坚如"蟠桃"，进用必迟；自比"苦李"，以无用全生。

又取《诗》(诗经)云:"忧心悄悄,愠于群小。"皆以讥讽当今进用之人为小人也。苏诗巧用"悄悄""愠"等词,暗藏"群小"之意。要不是作者解释,还没多少人知其中奥妙。

《汤村开运盐河雨中督役》诗云:"居官不任事,萧散羡长卿。胡不归去来,滞留愧渊明。盐事星火急,谁能恤农耕?薨薨晓鼓动,万指罗沟坑。天雨助官政,泫然淋衣缨。人如鸭与猪,投泥相溅惊。下马荒堤上,四顾但湖泓。线路不容足,又与牛羊争。归田虽贱辱,岂失泥中行?寄语故山友,慎毋厌藜羹。"苏轼也供认自己确有对盐官在汤村一带开运盐河,不顾老百姓利益表示的不满,"农田未了,有妨农事","又其河中间有涌沙数里,不宜开河","非农事而役农民","役人在泥中,辛苦无异鸭和猪"等。御史台则不这样认为,他们认定苏轼对官员的批评,出于恶意,就是对抗朝廷藐视皇帝,为老百姓仗义执言也是罪行。

御史台的可笑之处在于,苏轼赠送黄庭坚、王诜等人的诗文,也作为无视皇上的所谓钢鞭材料证据,一时成为轰动朝野的新闻。舒亶等人乘人之危,落井下石,请求副相王珪检举苏轼的《王复秀才所居双桧》一诗。诗云:"凛然相对敢相欺,直干凌空未要奇。根到九泉无曲处,世间惟有蛰龙知。"王珪解释道:"陛下飞龙在天,轼以为不知己,而求之地下之蛰龙,非不臣而何?"恶意挑拨,企图激怒皇上,神宗冷静地回答:"诗人之词,安可如此论?彼自咏桧,何预朕事?"

御史台枉法办事,对苏轼的指控,牵强附会,极尽攻击之能事,这首咏桧诗就是一例。还有,苏轼任密州太守期间作的《后杞菊赋》的序言里,曾提到吃杞菊的苦种子,御史认为,作者是在借用全国老百姓的贫穷生活,指朝廷对官吏薪俸的克扣,以引起官员的不满。"生而眇者不识日"是讽刺科举考生的浅陋无知,讽刺考生不通儒学,只知道王安石在《三经新义》里对经书的注释。

苏轼对待这些指控,非常坦然,他始终把握一个度,对新法的批评,对官员不作为的讽刺,对老百姓的同情,都是出于"忠君报国"之心,无半点私利和阴谋诡计,更无攻击朝廷,无视皇上之意。

在给王诜的诗里,有一行是坐听"鞭笞环呻吟",又说"救荒无术归亡逋",他也提到"虎难摩"是为政贪婪的象征;在给李常的诗里,他确是说过在密州"洒涕循城拾弃孩",见到男尸、女尸、婴尸饿死在路边,当时确是"为郡鲜欢";在给孙觉的诗里,有一行说二人相约不谈政治,是在一次宴席上约定,谁谈政治就罚酒一杯;给曾巩的诗里说他厌恶那些"聒耳如蜩蝉"的小政客;给张方平的诗里把朝廷比作"荒林蜩蚻(zhá)乱"和"废沼蛙蟈淫",又说自己"遂欲掩两耳";给范镇的诗里,他直言"小人";给周邠的诗里把当权者暗比作"夜枭"。好友刘恕罢官出京时,苏轼写了两首诗给他。

和刘道原见寄

敢向清时怨不容,直嗟吾道与君东。
坐谈足使淮南惧,归去方知冀北空。
独鹤不须惊夜旦,群乌未可辨雌雄。
庐山自古不到处,得与幽人子细穷。

和刘道原寄张师民

仁义大捷径，诗书一旅亭。
相夸绶若若，犹诵麦青青。
腐鼠何劳吓，高鸿本自冥。
颠狂不用唤，酒尽渐须醒。

前一首第三句取自诗经"具曰予圣，谁知乌之雌雄"，等于说朝廷上只有一群乌鸦，好坏难辨。后一首表达自己对小人的争权争位不屑一顾。这些无疑激怒了朝廷的大臣。

苏轼写《狱中寄子由二首》说"梦绕云山心似鹿，魂飞汤火命如鸡"，无比凄惨。审讯者常对他通宵审问，巨大精神压力下，苏轼写下了"与君世世为兄弟，再结来生未了因"的悲惨诗句。苏轼下狱后生死未卜，一日数惊。在等待最后判决的时候，其子苏迈每天去监狱给他送饭。由于父子不能见面，所以早在暗中约好，平时只送蔬菜和肉食，如果有死刑判决的坏消息，就改送鱼，以便心里早做准备。一日，苏迈因银钱用尽，需出京去借，便将为苏轼送饭一事委托远亲代劳，却忘记告诉远亲暗中约定之事。偏巧那个远亲那天送饭时，给苏轼送去了一条熏鱼。苏轼一见大惊，以为自己凶多吉少，来日不多，便以极度悲伤之心，给弟弟苏辙写下诀别诗两首。

狱中寄子由二首·其一

圣主如天万物春，小臣愚暗自亡身。
百年未满先偿债，十口无归更累人。
是处青山可埋骨，他年夜雨独伤神。
与君世世为兄弟，更结来生未了因。

狱中寄子由二首·其二

柏台霜气夜凄凄，风动琅珰月向低。
梦绕云山心似鹿，魂飞汤火命如鸡。
眼中犀角真吾子，身后牛衣愧老妻。
百岁神游定何处？桐乡知葬浙江西。

苏轼所谓"诀别诗"写好以后，自信皇帝是能够看到的，也许文中的拳拳之心，切切之意，忠君初心，报国之情，会感动上苍，说不定可以使皇帝收回成命。

有识之士已经认识到，"乌台诗案"看似针对苏轼，实质上打击的是一批"忠诚爱国"的新兴政治势力。当时，宋王朝边关吃紧，外敌骚扰不断，内患迭起，多灾多难，国家急需栋梁之材，力挽狂澜，革弊兴政，安邦救国。朝内多名重臣上书神宗皇帝，为苏轼开脱求情，已罢相退居金陵的王安石上书说："安有圣世而杀才士乎？"此时与苏轼肝胆相照，不计前嫌，不以苏轼批评新法而结怨，以高风亮节之举感动皇上。宰相吴充直言："陛下以尧舜为法，薄魏武固宜，然魏武猜忌如此，犹能容祢衡，陛下不能容一苏轼何也？"连身患重病的曹太后也出面干预："昔仁宗策贤良归,喜甚,曰:'吾今又为吾子孙得太平宰相两人',盖轼、辙也,而杀之可乎?"让人想不到的是,同属于苏轼口中的"新进"章惇②也积极地参加营救苏轼的活动,并不惜与宰相王珪翻脸。将自己生死置之度外的苏辙,为了营救兄长苏轼,亲笔上述皇帝,写就《为兄轼下狱上书》。

为兄轼下狱上书

臣闻困急而呼天,疾痛而呼父母者,人之至情也。臣虽草芥之微,而有危迫之恳,惟天地父母哀而怜之。

臣早失怙恃,惟兄轼一人,相须为命。今者窃闻其得罪逮捕赴狱,举家惊号,忧在不测。臣窃思念,轼居家在官,无大过恶,惟是赋性愚直,好谈古今得失,前后上章论事,其言不一。陛下圣德广大,不加谴责。轼狂狷寡虑,窃恃天地包含之恩,不自抑畏。顷年通判杭州及知密州日,每遇物托兴,作为歌诗,语或轻发,向者曾经臣寮缴进,陛下置而不问。轼感荷恩贷,自此深自悔咎,不敢复有所为。但其旧诗已自传播。臣诚哀轼愚于自信,不知文字轻易,迹涉不逊,虽改过自新,而已陷于刑辟,不可救止。

轼之将就逮也,使谓臣曰:"轼早衰多病,必死于牢狱,死固分也。然所恨者,少抱有为之志,而遇不世出之主,虽龃龉于当年,终欲效尺寸于晚节。今遇此祸,虽欲改过自新,洗心以事明主,其道无由。况立朝最孤,左右亲近,必无为言者。惟兄弟之亲,试求哀于陛下而已。"臣窃哀其志,不胜手足之情,故为冒死一言。

昔汉淳于公得罪,其女子缇萦,请没为官婢,以赎其父。汉文因之,遂罢肉刑。今臣蝼蚁之诚,虽万万不及缇萦,而陛下聪明仁圣,过于汉文远甚。臣欲乞纳在身官,以赎兄轼,非敢望末减其罪,但得免下狱死为幸。兄轼所犯,若显有文字,必不敢拒抗不承,以重得罪。若蒙陛下哀怜,赦其万死,使得出于牢狱,则死而复生,宜何以报!臣愿与兄轼,洗心改过,粉骨报效,惟陛下所使,死而后已。臣不胜孤危迫切,无所告诉,归诚陛下,惟宽其狂妄,特许所乞,臣无任祈天请命激切陨越之至。

大致意思是:臣听说人所处的环境如果很恶劣就会呼叫苍天,遇到难忍的痛苦就会呼叫父母,这些都是人感情最强烈的表现。臣如小草一般卑微,但在受危难压迫时也还是有所求的,恐怕现在能悲悯我的只有天地和父母了吧。

臣很小的时候就没了父亲,一直无依无靠,只有哥哥苏轼和我相依为命。现在我听说他犯罪,被打入监狱,我们全家都非常惊恐害怕,担心的是他会有什么不测。臣在下面揣度,苏轼的个人生活和在朝廷为官,从总体上说没有大错,只是为人过于率直,缺少周全的考虑罢了,他喜欢谈古论今,还有好几次他所上的奏折中观点与陛下不一致。陛下有很深广的圣德,没有责难他什么。但苏轼性格过于狂妄,做事缺乏考虑,还以为现在有天地宽容的恩德,就不知道敬畏,也不知道收敛。近来他在担任杭州通判和密州知府期间,看到事物时就有感而发,于是写成诗,也不对用词多加考虑,在这之前曾经有一些同僚就把他的诗文呈给陛下过,但是陛下放在一旁没追问。苏轼觉得辜负了圣上的恩泽,常常自己悔过,其行为不敢再有所轻慢了。但是他以前写的诗却传开了。臣真心哀叹苏轼过于自信的愚昧,不知道写出来文字容易,但是其中的不恭敬言辞带来的影响不容易消除。虽然他现在已改过，但却违反了刑律，这是没法挽回的。

苏轼在被捕之前，他就让人来捎话说："我身体很早就不好了而且多病，肯定会死在牢狱里，死也是我应该的。可是我还有遗憾在世间，年少时我就想有一番作为，恰好逢到世上难遇的贤明君主，当年的所作所为也确实糊涂，也有所悔悟，只想在晚年时能够报效国家。现在却出了这样的祸患，即使想改过自新，洗心革面重新报答贤明的君主，却没有足够的理由来证明。况且我在朝中没什么朋党，即便是以前显得和我较好的人，肯定也不会出来为我求情。只能指望兄弟亲情，向陛下为我请求。"我很赞同他的志向，而且没法拒绝手足之情，所以只好冒死向陛下为他求情。

从前汉朝的淳于公犯了罪，他的女儿缇萦请求朝廷将自己收为官婢，求得赎回父亲。淳于公因此免遭肉刑。我现在就像蚂蚁一般渺小，是不能和缇萦相比的，但是陛下比汉文帝更为聪明仁圣，臣想用我的官职赎回兄长苏轼，不奢望到最后能够减轻他的罪过，只求能不让他死在牢狱里。臣的兄长苏轼所犯的罪，真的是因为他的诗文，他肯定会承认因此获得重罚的。如果陛下能够给予同情怜悯，赦免他的死罪，把他从牢狱中放出来，他就等于死而复生了。这样的恩德无论如何怎能够不报答呢？臣愿意和兄长苏轼，改过自新，粉身碎骨报答陛下，只要陛下差遣去做，就是肝脑涂地也要去做。臣现在非常慌张和迫切，不知道如何去说话了，我所能对陛下说的就是：希望您对他的狂言妄行能包容，恩许我的请求。臣不能再承受这种祈天请命的惶恐了，这已经到达我所承受的极限了。

十月十五日，御史台详细整理了苏轼诗案的相关材料，其中辑集苏轼数万字的审讯记录和交代材料，查清涉嫌与苏轼书信往来、诗词送和、讥讽现实的人物名单，计有司马光、范镇、张方平、王诜、苏辙、黄庭坚等二十九位大臣和当朝名士。御史台李定、舒亶、王珪等人欲置苏轼于死地而后快，报呈神宗皇帝定夺。神宗皇帝兼听各方言辞，虽知是两派政治力量互相斗争的较量，谁胜谁负皆无益于朝廷，一时举棋不定。后来，还是念其太祖早有誓约，除叛逆谋反罪外，一概不杀大臣，不诛苏轼，顺乎民心。神宗遂下令对苏轼从轻发落，苏轼终免一死，贬谪为"检校尚书水部员外郎黄州团练副使"，本州安置，轰动一时的"乌台诗案"就此销结。

因"乌台诗案"受到牵连或受到打击的人员中，驸马王诜因泄露机密给苏轼，而且时常与他交往，调查时不及时交出苏轼的诗文，且更因对待公主不礼貌、宠妾压妻，被削去一切官爵。其次是王巩，被御史台附带处置，发配西南。第三个是苏辙，他曾奏请朝廷赦免兄长，自己愿意纳还一切官位为兄长赎罪。虽然他并没有什么过错，但由于家庭连带关系，仍遭受降职处分，调到高安，任筠州酒监。此三人受到的伤害最深。

其他人，张方平与其他大官都是罚红铜三十斤，司马光和范镇及苏轼的十八个别的朋友，都各罚红铜二十斤。

值得一提的是，那些平时与苏轼互相诗文唱和，引为知己的保守派大臣们，在苏轼入狱期间，一个给他求情的都没有，反而是那些被保守派称之为"奸邪""小人""新进"的那些变法派大臣，纷纷上书为苏轼求情。

"乌台诗案"是苏轼人生道路上的一个坎，这个坎虽然迈过了，但留下了难以磨灭的阴影。

纵观其一生,诗案之前,其诗词作品在整体风格上是激情昂扬、大漠长天、挥洒自如和情深意切,内容上则多指向仕宦人生以抒发政治豪情酣畅淋漓,针砭时弊剖析现实、嬉笑怒骂皆成文章,忧国忧民体恤百姓情真意切。表明他步入仕途之后的政治态度和人生理想抱负。

而诗案之后,虽然有一段时间官至翰林学士,但其作品中却少有致君尧舜的豪放超逸,相反却越来越转向大自然、转向人生体悟,纵情山水,寻仙访道。到了晚年儒释道并存,杂糅其间,其淡泊旷达的心境就更加显露出来,大有收敛平生心,我运物自闲,以豁达恬淡之境,直至放下一切。苏轼是以文人入仕的,他的思想理念、生活态度、为人处世,乃至一言一行,大都是通过文学作品表现出来的,我们今天研究他,主要是以他留下的文学作品为基础,和与他进行过交流的当时人的作品为辅,来认识和解答。

首先,在题材上,前期的作品主要反映了苏轼的"具体的政治忧患",而后期的作品则将侧重点放在了"宽广的人生忧患"上。

苏轼,用他自己的话说,他过去生活的态度,一向是疾恶如仇,遇有邪恶,则"如蝇在台,吐之乃已"。在杭州,在一首给孔文仲的诗里,他流露出对声势煊赫的官场的蔑视:"我本麋鹿性,谅非伏辕姿。"不仅如此,他还替监狱里的犯人呻吟,替无衣无食的老人幽咽。他写农村田园情趣时,起的题目却是《吴中田妇叹》:"汗流肩赪载入市,价贱乞与如糠粞。卖牛纳税拆屋炊,虑浅不及明年饥";他在歌咏"春入山村处处花"时也写农民的食粮,农民吃的竹笋没有咸味,只因"迩来三月食无盐",直指朝廷的专卖垄断;他写被征调的人民挖通运河以通盐船,其笔触更加尖刻犀利:"人如鸭与猪,投泥相溅惊";他指责积贫积弱的朝廷,他渴望"致君尧舜",渴望有朝一日"会挽雕弓如满月,西北望,射天狼";他探问:"持节云中,何日遣冯唐?"

然而,"世事一场大梦,人生几度秋凉"。苏轼行云流水之作引发了乌台诗案。噩梦之后,他"讽刺的苛酷,笔锋的尖锐,以及紧张与愤怒,全已消失,代之而出现的,则是一种光辉温暖、亲切宽和的诙谐,醇甜而成熟,透彻而深入。"在下棋时,他体悟到:"着时自有输赢,着了并无一物"。他不再执着于"奋厉有当世志",而是"小舟从此逝,江海寄余生。"所以,当苏轼遨游黄州赤壁之时,面对"江上之清风与山间之明月",发出"且夫天地之间,物各有主,苟非吾之所有,虽一毫而莫取"的感叹,便也可被世人所理解。他飘然独立,只愿做一只孤鸿:"拣尽寒枝不肯栖,寂寞沙洲冷。"面对起起伏伏的人生,终于能够风轻云淡地说出:"也无风雨也无晴。"

其次,在文化上,苏轼前期尚儒而后期尚道尚佛。

前期,苏轼渴望在仕宦之路上获得成功,即使有"归去"之心,也是"欲回天地入扁舟""何日功成名遂了,还乡,醉笑陪公三万场"。他有儒家所提倡的社会责任,关于担当,他深切关注百姓疾苦:"秋禾不满眼,宿麦种亦稀。永愧此邦人,芒刺在肤肌。平生五千卷,一字不救饥";他渴望在沙场上一展雄威,"鬓微霜,又何妨!持节云中,何日遣冯唐?"尤其在密州、徐州时,其锐意进取、济世报国的入世精神始终十分强劲。苏轼在其政论文章中就曾一再阐发《易经》中"天行健,君子以自强不息"的思想,希望"天子一日赫然奋其刚健之威"。

诗案之后,他虽又走上从政历程,但更加崇尚道家文化并回归到佛教中来,对官场遇到的烦恼,企图在宗教上得到解脱。他清醒地认识到自己和朝廷权贵们已经是"肝胆非一家"。所谓使人追求的"浮名浩利",对他来说已经是"鹤骨霜髯心已灰",只有劳神费力,再没有什么"西北望,射天狼"的豪情壮志,"穷猿既投林,疲马初解鞅"。他从心底发出过最真实的慨叹"惆怅东栏一株雪,人生看得几清明?"这是深受佛家的"平常心是道"的启发,在黄州、惠州、儋州等地过上了真正的农人的生活,并乐在其中。当太后允其在太湖边居住的时候,他大喜:"十年归梦寄西风,此去真为田舍翁。"觉得可以乘一扁舟来往,"神游八极万缘虚"了。久旱逢甘露,苏轼面对未来生活,充满快乐与满足,他曾写诗道:"沛然例赐三尺雨,造化无心悦难测。老夫作罢得甘寝,卧听墙东人响屐。腐儒粗粝支百年,力耕不受众目怜。会当作塘径千步,横断西北遮山泉。四邻相率助举杵,人人知我囊无钱。"

第三,在风格上,"乌台诗案"前期的作品大气磅礴、豪放奔腾如洪水破堤一泻千里;而后期的作品则空灵隽永、朴质清淡,略带婉约含蓄,如深柳白梨花,香远益清。

就词作而言,纵观苏轼的三百余首词作,真正属于豪放风格的作品却为数不多,据朱靖华先生的统计,类似的作品占苏轼全部词作的十分之一左右,大多集中在密州、徐州时期;有词如"有笔头千字,胸中万卷,致君尧舜,此事何难!用舍由时,行藏在我,袖手何妨闲处看?身长健,但优游卒岁,且斗尊前。"锋芒毕露;一首《江城子·密州出猎》决不可与柳永的词相比,更不可由"十七、八女子,执红牙板"来悠然吟唱,而必须要"东州壮士抵掌顿足而歌之,吹笛击鼓以为节,颇壮观也。"这些作品虽然在数量上并不占优势,却着实反映了那段时期苏轼积极仕进的心态。

而后期的一些作品就既有地方人情的风貌,也有娱宾遣兴,秀丽妩媚的姿彩。诸如咏物言情、记游写景、怀古感旧、酬赠留别、田园风光、谈禅说理,几乎无所不包,绚烂多姿。而这一部分占了苏轼全词的十之八九。虽然也有"人生如梦,一尊还酹江月"的大悲叹,但更多的却是"花尽酒阑春到也,离离,一点微酸已著枝"的小恻隐,他逃离了仕途官场的蝇营狗苟,开始静观自然:"林断山明竹隐墙,乱蝉衰草小池塘";他越来越觉得文字难以承载内心之痛:"敛尽春山羞不语,人前深意难轻诉";他将自然与人化而为一:"春色三分,二分尘土,一分流水。细看来,不是杨花,点点是离人泪。"其间大有庄子化蝶、无我皆忘之味。至此,他把所有的对现实的对政治的不满、歇斯底里的狂吼、针尖麦芒的批判全部驱逐了。其题材渐广,其风格渐趋平淡致远。

历史著名人物对苏轼在"乌台诗案"前后思想态度、文学创作、生活情趣的分析,可以借鉴。最能体现苏轼此时思想的,当属一首《满庭芳·蜗角虚名》:"蜗角虚名,蝇头微利,算来著甚干忙。事皆前定,谁弱又谁强。且趁闲身未老,尽放我,些子疏狂。百年里,浑教是醉,三万六千场。思量,能几许?忧愁风雨,一半相妨。又何须抵死,说短论长。幸对清风皓月,苔茵展、云幕高张。江南好,千钟美酒,一曲《满庭芳》"。此词全篇入情入理,情理交融,现身说法,真抒胸臆,既充满饱经沧桑、愤世嫉俗的沉重哀伤,又洋溢着对于精神解脱和圣洁理想的追求与向往,表达了词人在人生矛盾的困惑中寻求超脱的出世意念,可谓一曲感人至深的生命的觉醒和呼唤。

木斋先生[③]对于这个问题的论述比较精辟,得到学界的认可:"乌台诗案"对诗人的思想和创作不能不发生深刻影响,是苏轼一生的转折点。苏轼由当初的"奋厉有当世志""致君尧舜",转变为"聊从造物游"的艺术人生。诗案前,诗人主要是深刻地反省仕宦人生;其后,他痛苦的心灵在自然的天地里找到了归宿,发现了新的人生境界。也有人说,"诗案之后,苏东坡精神寄托的对象从名利事业而暂时转移到东坡,转移到大自然。这就是对统治集团的一种疏远,这不能不无它的积极意义。"诗案对于苏轼,浑如一场噩梦。梦后的黄州贬谪生活,使苏轼从具体的政治哀伤中摆脱出来,重新认识社会,重新评价人生的意义。

深层剖析,可以全面认识和了解苏轼,研究历史人物关键时刻的思想变化,是最好的切入点。

首先,生活环境的改变是苏轼作品发生变化的客观原因。"乌台诗案"之后,苏轼谪居黄州一段时间,远离官场。他在给好友章惇的信中写道:"现寓僧舍,布衣蔬饮,随僧一餐,差为简便。以此畏其到也。穷达得丧粗了其理,但廪禄相绝,恐年载间,遂有饥寒之扰。然俗所谓水到渠成,至时亦必自有处置,安能预为之愁煎乎?初到一见太守。自余杜门不出,闲居未免看书,惟佛经以遣日,不复近笔砚矣。"他"寓僧舍""随僧餐""惟佛经以遣日"。这说明,他在起居生活上已渐趋佛道。苏轼从小接受的是传统儒家思想,自不容说;启蒙老师是道观道士张易简,道家思想根深蒂固;对于佛家思想,苏轼心仪神往。

其次,崇尚佛老思想。"乌台诗案"使苏轼对儒家的仕宦思想产生深深的质疑,在仕途失意之时,自然倾向于佛家和道家的思想,寻求心理平衡。他在《安国寺记》里写道:"其明年二月至黄。舍馆粗定,衣食稍给,闭门却扫,收召魂魄。退伏思念,求所以自新之方。反观从来举意动作,皆不中道,非独今以得罪者也。欲新其一,恐失其二;触类而求之,有不可胜悔者。于是喟然叹曰:道不足以御气,性不足以胜习。不锄其本,而耘其末,今虽改之,后必复作,盍归诚佛僧,求一洗之?得城南精舍曰安国寺,有茂林修竹,陂池亭榭。间一、二日辄往,焚香默坐,深自省察,则物我相忘,身心皆空,求罪垢所从生而不可得。一念清净,染污自落,表里翛然,无所附丽,私窃乐之……"。"归诚佛僧,求一洗之""物我相忘,身心皆空"。这说明,他的内心已经开始疏远儒家思想,而日渐趋向佛老思想。

第三,儒道佛三教合一。表面上苏轼弃儒从道,但是实际上,儒学的观念已经深深地扎根其内心之中了,而苏轼又将佛道的出世与儒家传统思想中的"达则兼济天下,穷则独善其身"和宋代"修己治人"统一起来,故其作品谈禅说理、怀古感今,无所不包。苏轼思想观念的变化,连他眼中的景物也随之变化,以前是触景生情、情由景发,现在是超然淡泊、宠辱不惊、履险如夷、临危若素:"春牛春杖,无限春风来海上。便丐春工,染得桃红似肉红。春幡春胜,一阵春风吹酒醒。不似天涯,卷起杨花似雪花。"

苏轼一生时运不济,命途多舛,宦海沉浮。"乌台诗案"对于苏轼的仕途人生而言是一个低潮,政治生涯的低谷,但却是其文学创作生涯中的一个重要的转折,由此走向了巅峰,成就了一代大文豪,这就是我们崇拜苏轼的原因之一。人生仕途的不得意和现实的坎坷,能够走出市井朝廷,将自己的精神世界更多地寄托于佛法禅意、青山秀水之中,故而也就在更大意义上成就了苏轼式的"自在洒脱、空灵超然"。

注释

①《墨妙亭记》是北宋文学家苏轼于熙宁五年(1072)十二月所作的一篇散文。文章起始即紧扣作亭之缘起,而后宕开笔墨写孙莘老泽惠百姓的政绩,然后才归入正题,发挥议论,推衍出"知命者,必尽人事,然后理足而无憾"的道理,并进而言及养生与治国之道。文章从小题目引出大议论,立意高远,富于哲理。

②章惇(1035年—1106年),字子厚,号大涤翁,建州浦城(今福建省南平市浦城县)人。北宋中期政治家、改革家,银青光禄大夫章俞之子。北宋历史上具有划时代意义的人物,章惇一生的政治作为对北宋政治造成深远影响,强硬态度导致辽军南下,几乎引发宋辽战争。然而,联合吕惠卿命章楶、王愍出兵西夏、和蕃,收复失地,开疆拓土,驱逐西夏并以沙漠为界,为北宋取得对西夏战争的优势奠定了一定基础。

③木斋,现任吉林大学文学院教授,宋代文学学科带头人,中国作家协会会员。曾任新加坡南洋理工大学中华语言文化中心研究员,加拿大多伦多大学东亚系访问教授。代表作有《走出古典:唐宋词体与宋诗的演进》《中国古代诗人的仕隐情结》《苏东坡研究》《宋诗流变》《唐宋词流变》《恍若隔世》《与中国作家对话》等。

第七讲 黄州东坡　横空出世

震惊北宋的"乌台诗案"草草收场,按照御史台决定,将苏轼贬为"检校尚书水部员外郎黄州团练副使①,本州安置","团练副使"是一个虚职,不能签署公文,更无政治权利,同时还要定期向朝廷写检讨,上表书。按宋朝的行政区划规定,州县分为望、紧、上、中、下。四万人以上为望,以下类推。黄州荒凉,有城无界,到江边为止。城内街道只能单马独行。唐末诗人杜牧在此担任过刺史,写诗"折戟沉沙铁未销,自将磨洗认前朝。东风不与周郎便,铜雀春深锁二乔。"黄州因此出名。

宋神宗元丰三年(公元1080年)二月,春节刚过,苏轼在御史台衙役的押送下,经过两个月的跋涉,到达黄州。州官陈氏慕名接待苏轼,按公务程序,与衙役办理交接手续,款待以后,安置苏轼一家暂时住在定慧院。苏轼写有《到黄州谢表》,感谢皇上不杀之恩,已至黄州,将安分余生,算作回销。

苏轼刚到黄州,惊吓之余,心情难以平定。因诗起祸,千古冤案。若不写诗,生活咋过?一首《初到黄州》向世人宣告,旷达幽默的一代文学巨匠来到黄州,将在这里扬帆起航。

初 到 黄 州

自笑平生为口忙,老来事业转荒唐。

长江绕郭知鱼美,好竹连山觉笋香。

逐客不妨员外置,诗人例作水曹郎。

只惭无补丝毫事,尚费官家压酒囊。

在诗中,苏轼以自嘲口吻开头,回忆过去一直官卑职微,只做过杭州通判,密州、徐州、湖州三州知州,到湖州仅两月便下御史台狱,年轻时立志报国的理想和抱负均成泡影,之前相当于为口腹生计而奔忙。"老来",苏轼当时四十五岁,这个年龄在古代已算不小了,作于密州的《江城子》词中便有"老夫聊发少年狂"之句。"事业转荒唐"指"乌台诗案"事,屈沉下僚尚可忍耐,无端的牢狱之灾更使人检点自己的人生态度,"荒唐"二字是对过去的自嘲与否定,内含有几分不满和牢骚。面对逆境,未来如何开启,苏轼以平静、旷达的态度对待之。

黄州是古战场②,是以少胜多经典战役之地,这种名气对苏轼是有吸引力的,又因黄州三面为长江环绕,想到可能有不少鲜美的鱼吃,黄州和家乡眉山一样,竹园遍布而犹如闻到竹笋的香味,把视觉形象立即转化为味觉嗅觉形象,让人对未来生活产生向往和憧憬,紧扣"初到"题意,亦表露了自己善于自得其乐、随缘自适的人生态度。苏轼这种"能从黄连中嚼出甜味来"的精神是最应令人钦敬的,这种豁达、乐观的精神,使他在黄州的五年政治上的低谷时期(政治上不可能有任何作为），却在创作上达到炉火纯青的境界，《前赤壁赋》《后赤壁赋》《念奴娇·赤壁怀古》等大批著名词篇均写于这一时期，成就古代文学家中身处逆境而大有作为的典范，苏轼"敢于直面惨淡的人生，敢于正视淋漓的鲜血"（鲁迅语）的高尚思想境界成为后人之表率。

"团练副使"是一个虚职，有俸禄无务实，但苏轼并不把它作为完全无所作为的理由，政治上不能有所作为，文学上却可以大有作为。黄州成了苏轼一生词与文章创作的顶点，也奠定了他在中国文坛的地位。《初到黄州》这首诗一反古代诗人在遭受打击时鸣冤叫屈、叹老嗟卑的惯例，虽自嘲不幸，却又以超旷的胸襟对待，属于"反思"诗歌的精品，后世诗作唯有鲁迅的一首"运交华盖欲何求"的《自嘲》与其相似。

"有道难行不如醉，有口难言不如睡"。苏轼不是圣人，不是完人，需要时间舔干净伤口上的鲜血，需要修复心灵受到的创伤，需要重新聚集能量。黄州三任太守对苏轼均好，先说陈太守，他见苏轼郁闷无语，整日待在家里不出门，便经常邀约苏轼到安国寺的后院竹林里的小亭喝茶，并找寺院的主持来陪同聊天，一来二去，苏轼结识了当地一些有名的僧人，借机补上深究佛家文化这一课。

苏轼的家人是分批到达黄州的，先期到达的几人挤住在破庙里，时二月，气温不高，尚还勉强可以维持，后来全家人都到了黄州，老小十几口，大家相聚得到了精神慰藉，好不热闹，不过生活却更加艰难了。天气渐热，不能再住在庙里了，经过朋友的协调，全家搬到一处废弃的驿站——"临皋亭"里。"临皋亭"靠近长江，年久失修，潮湿逼仄，但无他法，只好将就。他在《寒食节二首》里自我解嘲说："小屋如渔舟""空庖煮寒菜""破灶烧湿苇""也拟哭途穷"。住宿尚且如此，开销就难以启齿了，原来，"度囊中尚可支一岁有余"，以往花钱大手大脚，现今，人口一多，花销剧增，立刻囊中羞涩起来。苏轼不得不勒紧腰带，把每天的花销限制在一百五十文。每月的初一，他就取出四千五百钱，分成三十份，用画叉挑起来挂在屋梁上。每天需要花钱的时候，就再用叉子挑下一串来。当年四月寒食节，苏轼撰诗并书《寒食帖》，发人生之叹，写苍凉之情，表惆怅孤独之怀，诗意情长，书法起伏跌宕，光异彩，势奔放，无荒率之笔，被称为"天下第三行书"，墨迹素笺本，现藏台北故宫博物院。

苏轼一家生活"日以困匮"。他有一个好朋友叫马正卿，在他被贬不久后也追随他来到了黄州。这时，马正卿挺身而出，向黄州太守请求："于郡中请故营地数十亩，使得躬耕其中。"希望能划一块无主的地给苏轼耕种，自食其力，解决生活问题。不久，原黄州太守离任了，继任太守徐君猷很同情苏轼的遭遇，就把黄州城东缓坡上一块营防废地划给了苏轼。

这块营房旧址侧面，有一大片向东的坡地，长期荒芜，无人耕种，现瓦砾遍地，杂草丛生。苏轼别无选择，只能带领全家老小清除瓦砾，刈割荆棘，终于整理出五十来亩可耕田地来。他又购买了一头耕牛和一些农具，冬种麦，夏种稻，田边地角还种上了四季蔬菜瓜果。从未劳作过的苏轼俨然成了一位名副其实的农夫，日出而作，日落而息，尝到了开荒种地的艰辛。

唐代诗人白居易曾在贬地耕植，写过《东坡种花》二首，其中有"持钱买花树，城东坡上栽""东坡春向暮，树木今何如"的诗句。苏轼仰慕白居易，把这一片地美称为"东坡"，从此自号"东坡居士"。"东坡"是一个大平台，在这里，苏轼与黄州老百姓一起，交流种菜技术，互相之间嘘寒问暖,完全融入当地,很接地气。"东坡"这个名字,从苏轼四十三岁起出现,老百姓喜欢叫,老百姓敢于叫,老百姓叫得起,很快,朝野上下都叫开了。

苏轼有活忙了,慢慢地不再孤寂了。不久,从各地赶来拜访探视的朋友渐渐多了。叶梦得在《避暑录话》里记载,苏轼在黄州,每天早上起来,如果没有客人到访,就自己去拜访朋友,"设一日无客,则歉然若有疾。"每当有朋友远道来访时,狭小的"临皋亭"就更不方便了。苏轼决定自己动手,盖几间房子。在朋友们的大力帮助下,去对面山上伐树,砍来竹子,自己画图设计,三个月不到,就在东坡地头建成了五间草屋。落成之日,恰好天降瑞雪,苏轼非常兴奋,在朋友们的簇拥下,挥笔在草堂新房壁间画满了雪花,以示房东主人高洁的志趣,兴奋地将屋子命名为"雪堂",并且写了一篇《雪堂记》。

雪 堂 记

苏子得废圃于东坡之胁,筑而垣之,作堂焉,号其正曰雪堂。堂以大雪中为之,因绘雪于四壁之间,无容隙也。起居偃仰,环顾睥睨,无非雪者。苏子居之,真得其所居者也。苏子隐几而昼瞑,栩栩然若有所适,而方兴也未觉,为物触而寤,其适未厌也,若有失焉。以掌抵目,以足就履,曳于堂下。

客有至而问者曰:"子世之散人耶,拘人耶?散人也而天机浅,拘人也而嗜欲深。今似系马而止也,有得乎而有失乎?"苏子心若省而口未尝言,徐思其应,揖而进之堂上。客曰:"嘻,是矣,子之欲为散人而未得者也。予今告子以散人之道。夫禹之行水,庖丁之投刀,避众碍而散其智者也。是故以至柔驰至刚,故石有时以泐。以至刚遇至柔,故未尝见全牛也。予能散也,物固不能缚;不能散也,物固不能释。子有惠矣,用之于内可也。今也如蜩之在囊而时动其脊胁,见于外者,不特一毛二毛而已。风不可搏,影不可搏,童子知之。名之于人,犹风之与影也,子独留之。故愚者视而惊,智者起而轧,吾固怪子为今日之晚也。子之遇我,幸矣,吾今邀子为藩外之游,可乎?"

苏子曰:"予之于此,自以为藩外久矣,子又将安之乎?"客曰:"甚矣,子之难晓也。夫势利不足以为藩也,名誉不足以为藩也,阴阳不足以为藩也,人道不足以为藩也。所以藩予者,特智也尔。智存诸内,发而为言,则言有谓也,形而为行,则行有谓也。使子欲嘿不欲嘿,欲息不欲息,如醉者之恚言,如狂者之妄行,难掩其口、执其臂,犹且喑呜踯躅之不已,则藩之于人,抑又固矣。人之为患以有身,身之为患以有心。是圃之构堂,将以佚子之身也?是堂之绘雪,将以佚子之心也?身待堂而安,则形固不能释。心以雪而警,则神固不能凝。子之知既烦而烬矣,烬又复然,则是堂之作也,非徒无益,而又重子蔽蒙也。子见雪之白乎?则恍然而目眩,子见雪之寒乎?则竦然而毛起。五官之害,惟目为甚,故圣人不为。雪乎,雪乎,吾见子知为目也,子其殆矣!"

客又举杖而指诸壁,曰:"此凹也,此凸也。方雪之杂下也,均矣。厉风过焉,则凹者留而凸者散,天岂私于凹凸哉?势使然也。势之所在,天且不能违,而况于人乎?子之居此,虽远人也,而圃有是堂,堂有是名,实碍人耳,不犹雪之在凹者乎?"苏子曰:"予之所为,适然而已,岂有心哉,殆也,奈何?"

客曰:"子之适然也?适有雨,则将绘以雨乎?适有风,则将绘以风乎?雨不可绘也,观云气之汹涌,则使子有怒心;风不可绘也,见草木之披靡,则使子有惧意。睹是雪也,子之内亦不能无动矣。苟有动焉,丹青之有靡丽,水雪之有冰石,一也。德有心,心有眼,物之所袭,岂有异哉!"苏子曰:"子之所言是也,敢不闻命?然未尽也,予不能默。此正如与人讼者,其理虽已屈,犹未能绝辞者也。子以为登春台与入雪堂,有以异乎?以雪观春,则雪为静,以台观堂,则堂为静。静则得,动则失。黄帝,古之神人也,游乎赤水之北,登乎昆仑之丘,南望而还,遗其玄珠焉。游以适意也,望以寓情也。意适于游,情寓于望,则意畅情出而忘其本矣,虽有良贵,岂得而宝哉,是以不免有遗珠之失也。虽然,意不久留,情不再至,必复其初而已矣,是又惊其遗而索之也。余之此堂,追其远者近之,收其近者内之,求之眉睫之间,是有八荒之趣。人而有知也,升是堂者,将见其不溯而僾,不寒而栗,凄凛其肌肤,洗涤其烦郁,既无炙手之讥,又免饮冰之疾。彼其趋趄利害之途、猖狂忧患之域者,何异探汤执热之俟濯乎?子之所言者,上也。余之所言者,下也。我将能为子之所为,而子不能为我之为矣。譬之厌膏粱者,与之糟糠则必有忿词;衣文绣者,被之皮弁则必有愧色。子之于道,膏粱文绣之谓也,得其上者耳。我以子为师,子以我为资,犹人之于衣食,缺一不可。将其与子游,今日之事姑置之,以待后论。予且为子作歌以道之。"

歌曰:雪堂其前后兮,春草齐。雪堂之左右兮,斜径微。雪堂之上兮,有硕人之颀颀。考槃于此兮,芒鞋而葛衣。挹清泉兮,抱瓮而忘其机。负顷筐兮,行歌而采薇。吾不知五十九年之非而今日之是,又不知五十九年之是而今日之非。吾不知天地之大也,寒暑之变,悟昔日之癯而今日之肥。感子之言兮,始也抑吾之纵而鞭吾之口,终也释吾之缚而脱吾之艴。是堂之作也,吾非取雪之势而取雪之意,吾非逃世之事而逃世之机。吾不知雪之为可观赏,吾不知世之为可依违。性之便,意之适,不在于他,在于群息已动,大明既升,吾方辗转,一观晓隙之尘飞。子不弃兮,我其子归。

客忻然而笑,唯然而出,苏子随之。客顾而颔之曰:"有若人哉。"

在黄州,苏轼与陶渊明隐居不同,与刘备后院种菜也不同,有闲情逸致,更有士大夫的气质风范。这个时候,很多朋友千里迢迢到黄州看望苏轼,妻舅子王元直专程从青神到黄州,带来亲人的问候。他盛情接待之后,拉着王元直走出雪堂,来到对面的安国寺院,邀上昔日一块喝茶的朋友们,逐一向王元直介绍。参寥子[3]更是不远千里从杭州到黄州来探望他,而且一住就是"期年"。米芾[4]专程去黄州看望苏轼,借机交流书法艺术,两人兴致浓烈时,竟忘去了白昼。一日,米芾见苏轼画两枝竹,一笔一枝,米芾问,何不逐节画?苏轼答,你见过竹子逐节长吗?二人相视一笑。苏辙到黄州看望苏轼,苏轼太了解这位兄弟,特别是危难之际,敢冒死相救,作诗"子由为人,心不异口,口不异心,心即是口,口即是心。死生可以相待,祸福可以相共"。

让人难以忘却的是,眉山老乡巢谷(字元修)因与苏轼兄弟同乡,少小相识,当苏轼兄弟在朝中做官时,巢谷在家乡以布衣为生,从未希冀苏轼兄弟提携。当年苏轼在杭州,为了医治传染性极强的瘟疫,主动献出"圣散子"秘方给苏轼,以解燃眉之急。今天,苏轼贬居黄州,巢谷在家乡为之疾呼喊冤,千里迢迢,代表家乡父老乡亲前往探视。巢谷的到来,让苏轼倍感慰藉,立即置酒款待。为敬重巢谷高风亮节之举,苏轼叫儿子苏迈礼拜巢谷为师(按眉山习俗,即拜巢谷为干爹),学习巢谷慷慨仁义之举。在新筑的"雪堂"里,巢谷看见苏轼家境寒酸,空荡荡的床上摊着一床破棉絮,残缺的灶洞里焖了一堂带青的湿柴,凄凉之至,可是,老朋友能互相体谅,"相对不言寒",怕知道内情让苏轼难堪。苏轼与巢谷彻夜相对无眠互诉衷肠,巢谷见苏轼心情忧郁,便很盘桓了一段时间,他将从眉山带去的苕菜种子,拿出来示范种给苏轼看,两人在"东坡"地上你来我往,互动作业,巢谷以此借机开导朋友。几天后,一片一片绿油油的嫩草尖出土了,在北方难能看见这种景象,引起了不少当地人围观,人们交头接耳,想问一下这是什么菜名,还没有等巢谷介绍,苏轼已经抢话在先,"元修菜、元修菜!"从此这个菜名就在湖北黄州叫响了。苏轼还专门写了一首诗《元修菜》,给予赞美。

元　修　菜

彼美君家菜,铺田绿茸茸。
豆荚圆且小,槐芽细而丰。
种之秋雨余,擢秀繁霜中。
欲花而未萼,一一如青虫。
是时青裙女,采撷何匆匆。
烝之复湘之,香色蔚其饛。
点酒下盐豉,缕橙芼姜葱。
那知鸡与豚,但恐放箸空。
春尽苗叶老,耕翻烟雨丛。
润随甘泽化,暖作青泥融。
始终不我负,力与粪壤同。
我老忘家舍,楚音变儿童。
此物独妩媚,终年系余胸。
君归致其子,囊盛勿函封。
张骞移苜蓿,适用如葵菘。
马援载薏苡,罗生等蒿蓬。
悬知东坡下,塉卤化千锺。
长使齐安民,指此说两翁。

从此以后,东坡地上,又增添了一道靓丽的风景线。

在黄州城南有一个安国寺,寺里后院竹丛之中有座和尚修建的小亭。苏轼到黄州不久,前任太守离任,新任黄州太守徐君猷,早就敬佩苏轼的品节,俩人很快成为朋友,经常诗酒相酬。每每闲暇之时,他们相约来安国寺,坐到小亭里,说古论今,甚为惬意。

神宗元丰五年(1082年)重阳节前后,徐君猷要离开黄州赴湖南上任,安国寺住持继连大师怀念徐太守,特请苏轼为他们常聚坐的安国寺竹间亭取个名字,并题额留念。苏轼觉得遭贬谪来到黄州后,时时得到几任太守照顾,先借住在庙里,而后又安置"临皋亭",后来又想法拨给他土地耕种养家,还经常请他喝酒品茶。而且几位太守为官清廉,治政有方,在老百姓当中口碑好,苏轼便给这个竹间小亭取名为"遗爱亭",暗含着歌颂徐公给黄州人民留下的爱民之情。当时正值同乡好友巢谷来黄州探望苏轼,大家同桌喝茶,苏轼便把巢谷介绍给徐太守,徐太守盛情邀请来自"人文第一州"的巢谷给遗爱亭写一篇记,这可难为巢谷了。苏轼这时出来打圆场说:"巢谷是一位老实的粗人,谈不上了解您徐公,且无文采,还是让我带笔吧。"这篇《遗爱亭记》现存《苏东坡续集》中,在题下有"代巢元修"四字。

在黄州四年四个月,苏轼以惊人的力量,走到了人生的巅峰期,铸造了一座辉煌的文学里程碑,创作了中国文学史上的绝世作品。苏轼独自或与当地官员、友人、家人十游黄州赤壁,面临波涛汹涌的滚滚大江,深切怀念千古流芳的历史人物,瞻仰凭吊古战场,心潮澎湃、热血沸腾、思绪万千、感情升华、灵感爆发、激情发泄,创作了《前赤壁赋》《后赤壁赋》《念奴娇·赤壁怀古》等千古名篇,代表了苏轼文学创作的最高成就。

前赤壁赋

壬戌之秋,七月既望,苏子与客泛舟,游于赤壁之下。清风徐来,水波不兴。举酒属客,诵明月之诗,歌窈窕之章。少焉,月出于东山之上,徘徊于斗牛之间。白露横江,水光接天。纵一苇之所如,凌万顷之茫然。浩浩乎如冯虚御风,而不知其所止;飘飘乎如遗世独立,羽化而登仙。(冯 通:凭)

于是饮酒乐甚,扣舷而歌之。歌曰:"桂棹兮兰桨,击空明兮溯流光。渺渺兮予怀,望美人兮天一方。"客有吹洞箫者,倚歌而和之。其声呜呜然,如怨如慕,如泣如诉;余音袅袅,不绝如缕。舞幽壑之潜蛟,泣孤舟之嫠妇。

苏子愀然,正襟危坐,而问客曰:"何为其然也?"客曰:"'月明星稀,乌鹊南飞。'此非曹孟德之诗乎?西望夏口,东望武昌,山川相缪,郁乎苍苍,此非孟德之困于周郎者乎?方其破荆州,下江陵,顺流而东也,舳舻千里,旌旗蔽空,酾酒临江,横槊赋诗,固一世之雄也,而今安在哉?况吾与子渔樵于江渚之上,侣鱼虾而友麋鹿,驾一叶之扁舟,举匏樽以相属。寄蜉蝣于天地,渺沧海之一粟。哀吾生之须臾,羡长江之无穷。挟飞仙以遨游,抱明月而长终。知不可乎骤得,托遗响于悲风。"

苏子曰:"客亦知夫水与月乎?逝者如斯,而未尝往也;盈虚者如彼,而卒莫消长也。盖将自其变者而观之,则天地曾不能以一瞬;自其不变者而观之,则物与我皆无尽也,而又何羡乎!且夫天地之间,物各有主,苟非吾之所有,虽一毫而莫取。惟江上之清风,与山间之明月,耳得之而为声,目遇之而成色,取之无禁,用之不竭。是造物者之无尽藏也,而吾与子之所共适。"(共适 一作:共食)

客喜而笑,洗盏更酌。肴核既尽,杯盘狼籍。相与枕藉乎舟中,不知东方之既白。

此赋记叙了作者与朋友们月夜泛舟游赤壁的所见所感,以作者的主观感受为线索,通过主客问答的形式,反映了作者由月夜泛舟的舒畅,到怀古伤今的悲咽,再到精神解脱的达观。全赋在布局与结构安排中映现了其独特的艺术构思,情韵深致、理意透辟,在中国文学上有着很高的文学地位,并对之后的赋、散文、诗产生了重大影响。

后赤壁赋

是岁十月之望,步自雪堂,将归于临皋。二客从予,过黄泥之坂。霜露既降,木叶尽脱。人影在地,仰见明月,顾而乐之,行歌相答。已而叹曰:"有客无酒,有酒无肴,月白风清,如此良夜何?"客曰:"今者薄暮,举网得鱼,巨口细鳞,状如松江之鲈。顾安所得酒乎?"归而谋诸妇。妇曰:"我有斗酒,藏之久矣,以待子不时之需。"于是携酒与鱼,复游于赤壁之下。江流有声,断岸千尺,山高月小,水落石出。曾日月之几何,而江山不可复识矣!

予乃摄衣而上,履巉岩,披蒙茸,踞虎豹,登虬龙,攀栖鹘之危巢,俯冯夷之幽宫。盖二客不能从焉。划然长啸,草木震动,山鸣谷应,风起水涌。予亦悄然而悲,肃然而恐,凛乎其不可留也。反而登舟,放乎中流,听其所止而休焉。

时夜将半,四顾寂寥。适有孤鹤,横江东来。翅如车轮,玄裳缟衣,戛然长鸣,掠予舟而西也。须臾客去,予亦就睡。梦一道士,羽衣翩跹,过临皋之下,揖予而言曰:"赤壁之游乐乎?"问其姓名,俯而不答。"呜呼!噫嘻!我知之矣。畴昔之夜,飞鸣而过我者,非子也邪?"道士顾笑,予亦惊寤。开户视之,不见其处。

前后《赤壁赋》虽都以秋江夜月为景,以客为陪衬,但《后赤壁赋》重在游、状景,而《前赤壁赋》意在借景抒怀,阐发哲理。此文第一段,作者在月明风清之夜,与客行歌相答。先有"有客无酒""有酒无肴"之憾,后有"携酒与鱼"而游之乐。行文在平缓舒展中有曲折起伏。第二段,从"江流有声,断岸千尺"的江岸夜景,写到"履巉岩,披蒙茸……"的山崖险情;从"曾日月之几何,而江山不可复识矣"的感叹,到"悄然而悲,肃然而恐"的心情变化,极腾挪跌宕之姿。第三段,借孤鹤道士的梦幻之境,表现旷然豁达的胸怀和慕仙出世的思想。

全文分为三个层次,第一层次写泛游之前的活动,包括交代泛游时间、行程、同行者以及为泛游所作的准备。写初冬月夜之景与踏月之乐,既隐伏着游兴,又很自然地引出了主客对话。面对着"月白风清"的"如此良夜",又有良朋、佳肴与美酒,再游赤壁已势在必行,不多的几行文字,既写了景,又叙了事,还抒了情,三者融为一体,至此已可转入正文,可东坡却又插进"归而谋诸妇"几句,不仅给文章增添生活气息,而且使整段"铺垫"文字更呈异彩。

第二层次乃是全文重心,纯粹写景的文字只有"江流有声"四句,却写出赤壁的崖峭山高而空清月小、水溅流缓而石出有声的初冬独特夜景,从而诱发了主客弃舟登岸攀崖游山的雅兴,这里,作者不吝笔墨地写出了赤壁夜游的意境,安谧清幽、山川寒寂、"履巉岩,披蒙茸,踞虎豹,登虬龙;攀栖鹘之危巢,俯冯夷之幽宫",奇异惊险的景物更令人心胸开阔、境界高远。可是,当苏轼独自一人临绝顶时,那"划然长啸,草木震动,山鸣谷应,风起水涌"的场景又不能不使他产生凄清之情、忧惧之心,不得不返回舟中。文章写到这里,又突起神来之笔,写了一只孤鹤的

"横江东来""戛然长鸣"后擦舟西去,于是,已经孤寂的作者更添悲悯,文章再起跌宕生姿的波澜,还为下文写梦埋下了伏笔。

最后,在结束全文的第三层,写了游后入睡的苏子在梦乡中见到了曾经化作孤鹤的道士,在"揖予""不答""顾笑"的神秘幻觉中,表露了作者本人出世入世思想矛盾所带来的内心苦闷。政治上屡屡失意的苏轼很想从山水之乐中寻求超脱,结果非但无济于事,反而给他心灵深处的创伤又添上新的哀痛。南柯一梦后又回到了令人压抑的现实。苏轼以"畴昔之夜,飞鸣而过我者,非子也邪"的觉悟,联想前来入梦的道士,表明作者在这只孤鹤身上寄予了自己怀念故友之情。而道士的思想,原是苏子思想中的一个侧面,苏子—孤鹤—道士的联结,暗示着苏轼在精神上已归向高蹈于世外的隐逸者。结尾八个字"开户视之,不见其处"相当迷茫,但还有双关的含义,表面上像是梦中的道士倏然不见了,更深的内涵却是"苏子的前途、理想、追求、抱负又在哪里呢"。

《后赤壁赋》是《前赤壁赋》的续篇,也可以说是姐妹篇,珠联璧合,浑然一体。前赋主要是谈玄说理,后赋却是以叙事写景为主;前赋描写的是初秋的江上夜景,后赋则主要写江岸上的活动,时间也移至孟冬;两篇文章均以"赋"这种文体写记游散文,一样的赤壁景色,境界却不相同,然而又都具诗情画意。前赋是"清风徐来,水波不兴""白露横江,水光接天",后赋则是"江流有声,断岸千尺,山高月小,水落石出。"不同季节的山水特征,在苏轼笔下都得到了生动、逼真的反映,呈现出壮阔而自然的美。两赋字字如画,句句似诗,诗画合一,情景交融,同工异曲,各有千秋。《后赤壁赋》沿用了赋体主客问答、抑客伸主的传统格局,抒发了自己的人生哲学,同时也描写了长江月夜的优美景色。

下面是历代名家的评论,仅供参考。

李扶九《古文笔法百篇》:"闲闲叙起,不必定游赤壁,不必定约某客。'乐'字伏后。仍用'风''月'二字,乃长公一生襟期,已引起游意。""后篇亦写客、写歌、写风、写月、写乐、写酒、写肴,一一与前篇同,而各位置不同。前篇同在舟中,次早还在;此篇有登岸一举,夜即归,则前篇所未有也;前篇借客生波,尚似实情;此篇忽鹤忽道士,幻极矣,乃神似《南华》,非袭其貌也。至前篇说悲处,在客口中;此篇悲则公自言矣。"

李扶九《古文笔法百篇》引林西仲:"若无前篇,不见此篇之妙;若无此篇,不见前篇之佳,缺一不可。"

《古文观止》评语:"岂惟无鹤无道士,并无鱼,并无酒,并无客,并无类壁,只有一片光明空阔。""前篇写实情实景,从'乐'字领出歌来;此篇作幻境幻想,从'乐'字领出叹来。一路奇情逸致,相逼而出,与前赋同一机轴,而无一笔相似。"

虞集《道园学古录》:"坡公《前赤壁赋》已曲尽其妙,后赋尤精。于体物如'山高月小,水落石出',皆天然句法。末有道上化鹤之事,尤出人意表。"

吕祖谦《三苏文范》卷十六:"此赋结处,用韩文公《石鼎》处弥明。意指鹤至户为道士,亦暗使高道传青城山,徐左卿化鹤以此也。"

郑之惠《苏长公合作》卷一引袁宏道:"《前赤壁赋》为禅法道理所障,如老学究着深衣,遍体是板;后赋平叙中有无限光景,至末一段,即子瞻亦不知其所以妙。"

郑之惠《苏长公合作》卷一引李贽:"前赋说道理,时有头巾气。此则空灵奇幻,笔笔欲仙。"

郑之惠《苏长公合作》卷一引华淑:"《赤壁》后赋,直平叙去,有无限光景。"

储欣《唐宋八大家类选》卷十四:"前赋设为问答,'此赋不过写景叙事。而寄托之意,悠然言外者,与前赋初不殊也。"

沈石民《三苏文评注读本》卷二:"飘脱之至。前赋所谓冯虚御风,羽化登仙者,此文似之。"

林纾《古文辞类纂·集评》卷七十一引王文濡:"前篇是实,后篇是虚。虚以实,至后幅始点醒。奇妙无以复加,易时不能再作。"

苏轼第五次游赤壁是在元丰五年(公元1082年)的初秋,地点在赤壁的南矶头。这天,苍茫的天空云卷云舒,江风扑面而来,石赤如丹,山脚插入江中,水流至此,卷起千堆雪。他在瑟瑟秋风中站立矶头,放眼江天,看滚滚长江浩荡东去,心中涌起万丈豪情,提笔挥就了千古绝唱《念奴娇·赤壁怀古》。

念奴娇·赤壁怀古

大江东去,浪淘尽,千古风流人物。故垒西边,人道是,三国周郎赤壁。乱石穿空,惊涛拍岸,卷起千堆雪。江山如画,一时多少豪杰!

遥想公瑾当年,小乔初嫁了,雄姿英发。羽扇纶巾,谈笑间,樯橹灰飞烟灭。故国神游,多情应笑我,早生华发。人生如梦,一尊还酹江月。

这首被誉为"千古绝唱"的名作,是宋词中流传最广、影响最大的作品,也是豪放词最杰出的代表。它写于神宗元丰五年(1082年)七月,是苏轼贬居黄州时游赤壁矶所作。此词对于一度盛行缠绵悱恻之风的北宋词坛,具有振聋发聩的作用。

开篇即景抒情,时越古今,地跨万里,把倾注不尽的大江与名高累世的历史人物联系起来,布置了一个极为广阔而悠久的空间、时间背景。它既使人看到大江的汹涌奔腾,又使人想见风流人物的卓荦气概,并将读者带入历史的沉思之中,唤起人们对人生的思索,气势恢宏,笔大如椽。接着"故垒"两句,点出这里是传说中的古赤壁战场,借怀古以抒感。"人道是"下笔极有分寸。"周郎赤壁"既是拍合词题,又是为下阕缅怀公瑾预伏一笔。以下"乱石"三句,集中描写赤壁雄奇壮阔的景物:陡峭的山崖散乱地高插云霄,汹涌的骇浪猛烈搏击着江岸,滔滔的江流卷起千万堆澎湃的雪浪。这种从不同角度而又诉诸于不同感觉的浓墨健笔的生动描写,一扫平庸萎靡的气氛,把读者顿时带进一个奔马轰雷、惊心动魄的奇险境界,使人心胸为之开阔,精神为之振奋!煞拍二句,总束上文,带起下片。"江山如画"这明白精切、脱口而出的赞美,是作者和读者从大自然的雄伟画卷中自然得出的结论。以上写周郎活动的场所赤壁四周的景色,形声兼备,富于动感,以惊心动魄的奇伟景观,隐喻周瑜的非凡气概,并为众多英雄人物的出场渲染气氛,为下文的写人、抒情作好铺垫。

上片重在写景,下片则由"遥想"领起五句,集中笔力塑造青年将领周瑜的形象。作者在历史事实的基础上,挑选足以表现人物个性的素材,经过艺术集中、提炼和加工,从几个方面把人物刻画得栩栩如生。据史载,建安三年,东吴孙策亲自迎请二十四岁的周瑜,授予他"建威中郎将"的职衔,并同他一齐攻取皖城。周瑜娶小乔,正在皖城战役胜利之时,其后十年他才指挥了有名的赤壁之战。此处把十年间的事集中到一起,在写赤壁之战前,忽插入"小乔初嫁了"这一生活细节,以美人烘托英雄,更见出周瑜的丰姿潇洒、韶华似锦、年轻有为,足以令人艳羡;同时也使人联想到:赢得这次抗曹战役的胜利,乃是使东吴据有江东、发展胜利形势的保证,否则难免出现如杜牧《赤壁》诗中所写的"铜雀春深锁二乔"的严重后果。这可使人意识到这次战役的重要意义。"雄姿英发,羽扇纶巾"是从肖像仪态上描写周瑜束装儒雅,风度翩翩。纶巾,青丝带头巾,"葛巾毛扇",是三国以来儒将常有的打扮,着力刻画其仪容装束,正反映出作为指挥官的周瑜临战潇洒从容,说明他对这次战役早已成竹在胸、稳操胜券。"谈笑间,樯橹灰飞烟灭",抓住了火攻水战的特点,精切地概括了整个战役的胜利场景。词中只用"灰飞烟灭"四字,就将曹军的惨败情景形容殆尽。以下三句,由凭吊周郎而联想到作者自身,表达了词人壮志未酬的郁愤和感慨。"多情应笑我,早生华发"为倒装句,实为"应笑我多情,早生华发"。此句感慨身世,言生命短促,人生无常,深沉、痛切地发出了年华虚掷的悲叹。"人生如梦"抑郁沉挫地表达了词人对坎坷身世的无限感慨。"一尊还酹江月"借酒抒情,思接古今,感情沉郁,是全词余音袅袅的尾声。"酹",即以酒洒地之意。

这首词感慨古今,雄浑苍凉,大气磅礴,昂扬郁勃,把人们带入江山如画、奇伟雄壮的景色和深邃无比的历史沉思中,唤起读者对人生的无限感慨和思索,融景物、人事感叹、哲理于一体,给人以撼魂荡魄的艺术力量。

远在京城千里之外的黄州,消息闭塞,信息不灵。苏轼自然不知道,也没有心思去关心朝廷里明争暗斗的政治形势。"乌台诗案"事实澄清之后,太后呼喊,皇后忠言,皇帝恻隐之心,决定重新启用苏轼。冬去春来,苏轼在黄州已经待了近五个年头,终于有了"量移"的消息。当苏轼反复读到神宗皇帝的诏令,"人才实难,不忍终弃"觉得是一个机会,应该是皇帝的本意,这个机会并不是天天都有的,一定要抓住。遂即作《谢量移汝州表》,神宗亲自阅读,一边读一边称赞"苏轼堪称奇才!"后说"朕已灼知苏轼忠心,实无他肠"。

苏轼要离开黄州了,原本有意上书皇上,请求不量移。在黄州已经生活习惯了,有朋友,有妻儿,有满意的生活,还有那片魂牵梦绕的东坡地,留下的时间也不多了,干脆隐居还乡算了,流放已久,厌倦仕途。来黄州即是为了离开黄州,如今要离开了,还真舍不得。

苏轼离开黄州的消息不胫而走,官员送行,百姓挽留,求字、索画、请酒、签名的人络绎不绝。其实不想走,不得不走,其实很想留,是不能留。苏轼的行期一推再推,朝廷的昭文一遍又一遍。

元丰八年(公元1085年)四月七日,黄州满城人来到长江边,挥挥手,抹抹泪,船离江岸,击水中流,回望黄州,苏轼潸然泪下,那东坡地上成熟的麦穗,青荛的元修菜,挂在门外的酒壶,亲手建筑的雪堂,一切的一切,再见! 此去离别,不知何时才能再见。

注释

①团练副使是宋代散官官阶之一,授予官员,是一种级别的象征。宋代散官(散官专指闲散不管事的官职)共有十等,常授的主要是团练副使、节度行军司马、节度副使和州别驾四种。一般认为"团练副使"为从八品,相当于中校团副。

②湖北省境内的长江沿岸有两个赤壁,一个在蒲圻(1998 年改为赤壁市)西北部的长江南岸,称"蒲圻赤壁";一个在黄州(今湖北黄冈市黄州区)城外的长江北岸,称"黄州赤壁"。黄州赤壁即东坡赤壁,在武汉市东南七十千米的黄冈市黄州区,因三国时期火烧赤壁而出名。当年的赤壁古战场究竟在哪里,至今学者们仍有不同的看法。部分历史学家认为,三国火烧赤壁的"赤壁"是现在的"赤壁市",但还是有一些历史学家在经过实地考证后,确认黄州赤壁才是当年的赤壁古战场。

③宋僧道潜的别号。道潜,於潜(今浙江省杭州市临安区人),善诗,与苏轼、秦观为诗友。

④米芾(公元 1051 年—1107 年),初名黻,后改芾,字元章,自署姓名米或为芈,湖北襄阳人,时人号海岳外史,又号鬻熊后人、火正后人。北宋书法家、画家、书画理论家,与蔡襄、苏轼、黄庭坚合称"宋四家"。曾任校书郎、书画博士、礼部员外郎。祖籍山西,然迁居湖北襄阳,后曾定居润州(今江苏镇江)。能诗文,擅书画,精鉴别,书画自成一家,创立了"米点山水"。集书画家、鉴定家、收藏家于一身。其个性怪异,举止癫狂,遇石称"兄",膜拜不已,因而人称"米颠"。宋徽宗诏为书画学博士,又称"米襄阳""米南宫"。米芾书画自成一家,枯木竹石,山水画独具风格特点。在书法上也颇有造诣,擅篆、隶、楷、行、草等书体,长于临摹古人书法,达到乱真程度。主要作品有《多景楼诗》《虹县诗》《研山铭》《拜中岳命作帖》等。

第八讲 惠州儋州　彪炳千秋

在中国历史上，苏轼是一个传奇式的人物。他一生三起三落，皆从容不迫，直面人生，在朝廷做高官，官至兵部尚书和礼部尚书；三次遭受贬谪，曾被贬谪到湖北的黄州，后又贬到广东的惠州和海南岛的儋州。他是在59岁高龄时被贬到惠州的。

北宋哲宗亲政时期，发生了一个重要的政治事件：重修元祐《神宗实录》，开展了在内容取舍上的争论，主要围绕王安石和司马光的日记而展开，引申为对士大夫的议论、思想、立场的审查，演变成为一场你死我活的政治整顿运动。绍圣元年（公元1094年）五月，翰林承旨、修国史曾布请取王安石《日录》参照编修《神宗实录》，又云："《神庙实录》，司马光等记事不实，乞用王安石手自编写《奏对日录》进入重修。"之所以如此重视王安石的《日录》，据曾布说，是因为元祐所修《实录》，凡司马光日记、杂录等不实。重修开始，相关的工作分为两个方面：一是对内容取舍的审定，二是对纂修人员的处理，两者是相互配合的。

北宋政治文化的特点是所谓的"士大夫政治"。而在士大夫文化成就、政治议论的背后，是继承"祖宗涵养士类"的传统，宋太祖"不诛大臣、言官"（或"不得杀士大夫及上书言事人"）誓约虽尚属存疑，但该说反映的宽容精神是不能否认的。因此，对北宋中期以后的士大夫而言，"文字"有着核心的意义，是其心血所寄，代表了一种北宋立国以来日积月累所形成的政治文化传统，而在思想统一运动的旗号之下，"文字"之所以成为整顿的核心内容，又与北宋的政治文化背景有关。对北宋士大夫而言，"文字"是其参与世务的主要手段。宋代新儒家的崛起，首先表现为文体、文风上的变革。范仲淹曾上书云："臣闻国之文章，应于风化；风化厚薄，见乎文章。"苏轼借表扬颜太初之文云："先生之诗文，皆有为而作，精悍确苦，言必中当世之过，凿凿乎如五谷必可以疗饥，断断乎如药石必可以伐病。"所谓"言必中当世之过"，宋代士大夫的"文字"，与其建立天下秩序的追求密不可分，与世务、政事密不可分。绍圣时期政治整顿的特点在于"文字"，即不限于肃清传统意义上的政敌，更是对士大夫的议论、思想、立场的审查。借此机会，新党再起，章惇一伙对"元祐党人"进行疯狂的报复、迫害。苏轼又首当其冲，在被迫害之列。御史赵挺之、来之邵等人又重演"乌台诗案"，弹劾苏轼所作之诰词"谤讪先帝"。于是，苏轼在定州任上免去端明、翰林两学士职位，被贬知英州（今广东英德）。苏轼曾是哲宗皇帝的老师，起初，他对哲宗还是抱有幻想的。当年仁宗在世时，初读轼、辙制策，退而喜曰："朕今日为子孙得两宰相矣。"而神宗更喜爱苏轼之文，宫中读之，手不释卷，进膳忘食，称之为天下奇才。可是，政治斗争是残酷的，哲宗皇帝根本不讲情面，也不顾及先帝对苏轼的褒奖，不顾及苏轼是否是国家栋梁。一年前，他听信新党奸言，准许苏轼辞去礼部尚书而出知定州，东坡临行前要求向皇帝"陛辞",也不获准。种种迹象表明,朝廷难容苏轼。但是,苏轼还是逆流而上,上书皇帝,劝他不要听信新党的胡言乱语:"臣恐急进好利之臣辄劝陛下轻有改变,故辄进此说,敢望陛下深信古语,且守中医安稳万全之策,勿为恶药所误,实社稷宗庙之利,天下幸甚!"(《朝辞赴定州论事状》)。按照宋代的政治制度,谪官接到诰命之后,必须立即离任,不须交代,不得逗留。苏轼在绍圣元年闰四月三日接到诰命,便立即前往贬所。

苏轼一家沿着太行山往南前行,当时是梅雨季节,连日天色阴沉,能见度很低,连太行山也看不清楚,大家的心情都十分沉重。但是,到了赵州临城时,天气突然晴朗起来,能清楚地看见太行山上的草木植被,苏轼甚是高兴。因为他去年冬出知定州时也是走这一条路,但连日刮风,灰尘很大,整个天空灰蒙蒙的,连太行山的样子也看不清。而现在,离开定州远适岭外,却终于看到此山北走的雄姿。中国人历来都有崇拜山岳的传统,所以苏轼认为这是一个吉祥的征兆。这时,苏轼想起唐人韩愈。贞元十九年,韩愈在任监察御史时,关中天旱人饥,他上书请宽民徭。因为党派之间的排挤,被贬为广东阳山令。贞元二十一年便改为江陵法曹参军。当他遇赦北归过衡山时,便写下了《谒衡岳庙遂宿岳寺题门楼》一诗:"我来正逢秋雨节,阴气晦昧无清风。潜心默祷若有应,岂非正直能感通。须臾净扫众峰出,仰见突兀撑青空。"苏轼心想,自己的经历不正好和韩愈一样吗?想到这里,苏东坡精神为之一振,马上高兴地对儿孙们说:"吾南迁其速返乎!这是韩退之《衡山》诗的吉兆啊!"于是,他便借着摇晃的马车,提笔写下了《临城道中作(并引)》:逐客何人著眼看,太行千里送征鞍。未应愚谷能留柳,可独衡山解识韩。意思是说,自己不可能像柳宗元那样长期留在贬谪之地,而会像韩愈那样,很快就会被皇帝召还的。可是,现实与苏轼的想象完全相反。当他还在赴英州的途中,政敌章惇、蔡京、来之邵等人又不断地在皇帝面前攻击苏轼,说苏轼影响力大,对皇上言辞恶劣,罪大恶极,贬谪英州仍不足以惩罚。于是,哲宗皇帝又两次对苏轼加重处分,连发两道文书,把苏轼贬为宁远军节度副使,惠州安置,不得签署公事。这时的苏轼,实际上是一个地地道道的囚犯了。

广东岭南地区是比较落后的,人们称之为蛮獠之地,加上气候炎热,疾病较多,人们又称之为瘴疠之地。历代的统治者都把不同政见的"罪大恶极"者贬谪到岭南。从定州到惠州,有四千余里,交通工具是马车和帆船。当时,苏轼已59岁了,加上身体又不好,患有严重的痔疾。在这种情况下,他对家人做了重新安排,苏迨一家及苏过的妻儿去宜兴,与大儿子苏迈住在一起;自己则与幼子苏过、侍妾王朝云并两老婢,主仆五人奔赴贬所。值得安慰的是,苏轼此次南迁之行,沿途多遇故旧老友,并得到他们的帮助。尤其是在扬州,以龙图阁知润州事的张耒,怕苏轼在路上遇到不测,特地挑选了两名士兵随他南行,沿途加以照顾,一路护送到惠州。

苏轼对此次贬谪是不服的。当他翻越大庾岭即将踏入广东时,心绪突然高涨起来,竟然写诗表白自己的高洁:"一念失垢污,身心洞清静。浩然天地间,惟我独也正。今日岭上行,身世永相忘。仙人拊我顶,结发授长生。"(《过大庾岭》)说自己是"浩然天地间,唯我独也正。"一股凛然之气跃然纸上。

经过长期跋涉,苏轼一行终于在九月进入广东岭南。当他乘坐的帆船沿北江顺流而下,行至清远时,看见岭南都是青山绿水,气候宜人,不免激动起来。更令他高兴的是,一位姓顾的秀才还热情地向苏东坡介绍了惠州的情况。东坡听了之后,禁不住写下了一首《舟行至清远县见顾秀才极谈惠州风物之美》:到处聚观香案吏,此邦宜著玉堂仙。江云漠漠桂花湿,海雨翛翛荔子然。闻道黄柑常抵鹊,不容朱橘更论钱。恰从神武来弘景,便向罗浮觅稚川。从这首诗来看,苏轼认为岭南这个地方还不错,适宜他生活。

九月二十三日,苏轼携带家人从广州向惠州进发,他们坐船沿东江溯江而上。一路上,苏轼都在盘算着游览罗浮山之事。罗浮山在博罗县境内,素有"岭南第一山"之称。它山势雄伟,风景秀丽。在260多平方千米的风景区内,有大小山峰432座,飞瀑名泉900多处,洞天奇景、石室幽岩近百处。它还是我国著名的道教名山,号称为第七洞天,第三十四福地。早在东晋时期的道教理论家、药物学家、炼丹家葛洪,就在这里炼丹,并写出了著名的理论专著《抱朴子》。所以,苏东坡这名道教徒还在清远途中,听了顾秀才的介绍之后,便立下了"便向罗浮觅稚川"的誓言。三日后,苏轼一家乘坐的船停靠在泊头镇。天一亮,苏轼父子两人便乘肩舆直至罗浮山,他们游览了长寿观、冲虚观,饮了卓锡泉,还为葛洪的丹灶题了字。晚上,住在宝积寺中阁。第二天早上吃了早餐,才回到船上。这次游罗浮山,苏轼写有六篇散文和一首诗,盛赞罗浮山"山不甚高,而夜见日,此可异也"。并称朱明洞是"蓬莱第七洞天",还说:"山中可游而未暇者,明福宫、石楼、黄龙洞,期以明年三月复来。"

十月二日,苏轼一家到了惠州。这天,天气晴朗,阳光普照,刚踏入初冬的岭南气候,不冷不热,十分宜人。当苏轼从船舱中走出来时,看见码头上站满了人,大家都用惊奇的眼光望着他,有些人还向他招手问好。顿时,苏轼感动得热泪盈眶,一首《十月二日初到惠州》诗便信口而成:"仿佛曾游岂梦中,欣然鸡犬识新丰。吏民惊怪坐何事,父老相携迎此翁。苏武岂知还漠北,管宁自欲老辽东。岭南万户皆春色,会有幽人客寓公。"意思是说:惠州这个地方呀,很熟悉,好像是曾经到过的一样。不然的话,为什么连从未谋面的人都认识我呢?惠州的父老乡亲,扶老携幼,都出来迎接我,并问我因什么事而贬到这里。我想,自己可能会像苏武那样,最终还是回到中原去;或许像管宁那样,老死在惠州吧。但不管怎么样,惠州这个地方这样好,肯定会有人对我很好的。

在惠州府衙役的指引下,苏轼到惠州府办理了报到手续。宋代的惠州,只不过是一个小镇,人口不多。可是,其地理环境和风景却很特别:四面环水,北边有东江东西方向流过,城的四周便是组成西湖的五个湖:南湖、丰湖、平湖、菱湖和鳄湖。城中有几座小青山。整座惠州城就在绿水青山之间,风景十分秀丽。南宋诗人杨万里曾赋诗赞美惠州:"左瞰丰湖右瞰江,五峰出没水中央。"这就写出了惠州城的地形特点。

时任惠州太守詹范,字器之,进士出生。以前虽然不认识苏轼,但久仰其大名,因而非常佩服苏轼的人格和才华,他安排苏轼一家在合江楼住下。合江楼原是三司行衙中皇华馆内的一座临江小楼,皇华馆是朝廷官员的驿馆。皇华之名盖取于诗经"皇皇者华"之意,里面的起居住行非常方便,而且有排场。按理说,苏轼作为一名贬官,是不能住进合江楼去享受这个待遇的。而现在,詹太守居然把苏轼一家安排进去了,可见詹范对苏轼敬仰的程度。

苏轼一家搬进合江楼后,发现这里的风景雄壮优美:小楼修建在江边的一个山岗上,涛涛的东江水和西支江水从楼下流过。放眼一看,水天连接茫茫一片,城内的几座青山就像几颗青螺一样耸立在水中,禁不住赞叹道:"海山葱茏气佳哉,二江合处朱楼开。蓬莱方丈应不远,肯为苏子浮江来。江风初凉睡正美,楼上啼鸦呼我起。我今身世两相违,西流白日东流水。楼中老人日清新,天上岂有痴仙人。三山咫尺不归去,一杯付与罗浮春。"这首诗赞美合江楼周边的风光,把它比作"蓬莱",是一座仙山。可是,住在里面的老人,却"身世两相违",只能"西流白日东流水"了,无所作为,得过且过,故只能"一杯付与罗浮春"了(罗浮春乃惠州的一种酒的名称)。可是,好景不长,苏轼一家在合江楼才住了半月,就不得不搬到归善县郊外的荒野,四周是密密麻麻的桃榔林的僧舍——嘉祐寺。

　　章惇,曾是苏轼的好朋友。在王安石变法中,章惇追随王安石并被重用,为编修三司条例官,便与苏轼产生了隔阂。司马光旧党上台后,章被贬黜。现在哲宗亲政,章又被起用,任尚书左仆射,倡"绍述"①之说,凡是元祐期间所革除的一切制度,都要恢复,其中青苗法、免役法等法都在恢复之列。苏轼再贬惠州,与之有关,其时,章惇恨不得把苏轼置于死地。他除了派出心腹掌握苏轼在惠州的情况之外,还想尽一切办法,借助外部力量来把苏轼整死,机会终于来了。章惇了解到,苏东坡有一个表兄程正辅,因苏轼的姐姐嫁给程正辅后不久,忧虑而死,苏家便认为是程家虐待而至。这样,两家便断绝了来往。此事到绍圣元年时已达四十二年之久了。于是,章惇在苏轼贬谪到惠州的第二年,便委派程正辅为广南东路提刑,提点冤狱,示意他找苏轼的过失,然后整治。章惇派程正辅到惠州,其险恶用心是明摆着的。当苏轼得知程正辅将巡按惠州时,心里非常矛盾,每天都在盘算着如何对付程正辅的问题。这时,正好程乡县令侯晋叔在这里,并答应负责派人送信和程正辅沟通。苏轼觉得这个办法好,于是就给程正辅亲笔写了一封信:我被贬逐到惠州,困苦之状可想而知。听说您要来,非常想念。古人以三十年为一世,现在我们断绝联系已四十二年了。想到这里,令人凄惨断肠!我之惩罚深重,到惠州后便闭门不出,即便是本郡太守,也没有去拜会过他。您来这里,恐怕我也不敢去迎接您……只希望能得到您的关照……书信派人送出去后,苏轼心里头轻松得多了,但转想一下,光这一封信的分量还不够,还必须告诉程正辅:我虽然不宜去恭候,但可专派小儿苏过去迎接。

　　不日,广南东路提刑程正辅到惠州了,住进了合江楼。第二天,想不到程正辅就坐船专门到嘉祐寺去看望苏轼一家人。程正辅一上岸,苏轼便迎了上来,邀请程正辅到寺里面去坐。程正辅边走边看,非常自信,发现僧舍非常破败,无法遮风避雨,且周边桃榔一片,杂草丛生,蚊虫很多。加上这里远离市区,不论是白天还是黑夜,人烟稀少,居住环境非常恶劣。饮了一会茶,叙了一些旧事之后,两人自然而然地谈论起作文写诗的事来。程正辅这次到广州,坐船经过安徽时,看见江边的桃树开满了桃花,有红的,有白的,十分鲜艳,情不自禁地写了一首《江行见桃花》诗,要请苏轼斧正唱和。苏轼恭敬地接过桃花诗,细读了一遍,连声说好诗好诗:"字字奇警,亦常人不逮也。"沉思了一会后,便要程正辅的侍从拿笔墨来。不一会,一首《次韵正辅表兄江行见桃花》诗就完成了,程正辅一看,大喜过望。饮过几道茶,程正辅便对苏轼说:我曾祖仁霸,也是你的外曾祖父,以仁厚信于乡里,可惜我们兄弟都没有将他的事迹记述下来,现在想请你写写。苏轼听了,高兴地说:外曾祖父的事迹,我在小时候就很熟悉,听了不少有关他的传说，记录先辈遗迹，善事善事，这个任务就交给我吧。一会，女仆抱着一坛"罗浮春"酒过来了。几杯酒下肚之后，苏轼的脸马上红了起来，原来苏轼喜欢喝酒但酒量小。接着，苏轼便解释说：罗浮春是惠州的土特产，用糯米发酵酿成的，所含的酒精度不高，很有营养，公认是产妇的滋补佳品。坐在旁边的王朝云对程正辅说：他就是这样一个乐天派，真拿他没办法。然后，很委屈地说出了他们内心的苦衷："我们到惠州后，水土不太适应，话都听不懂，东坡的痔疮发作得很厉害，这里的居住条件又差，阴暗、潮湿，我们也不知如何是好……"程正辅听了，心里一阵难过。作为一个朝廷重臣、当代大文豪，落到这个田地，已是够可怜的了。程正辅只能安慰地说，他会跟詹太守说说看。十天很快就过去了，程正辅巡按惠州也结束了。苏轼心里很纠结，是在合江楼还是在合江码头送别正辅好呢？还是等正辅起程后再去追别为好呢？经过反复考虑，他认为还是不要在官方的公开场合露面为好。于是，他在程正辅的官船开出后不久，雇了一只小快船，沿东江顺流而下，在博罗县城前截住程正辅，邀他上岸到博罗一叙，并写有《追饯正辅表兄至博罗赋诗为别》和《再用前韵》两首诗，盛赞程正辅的为人和诗篇，表述了两人的情谊，和好如初，十分融洽。程正辅告诉东坡：詹太守同意你一家搬回合江楼去居住。第二天，苏轼一家兴高采烈地搬回合江楼居住，他高兴地致书程正辅："轼凡百如昨，十九日迁入行衙。"过了几天，又写信感激道："迁居已八日，坐享安便，知愧！知愧！非兄巨庇，何以得此。"从此，苏东坡与程正辅的书信联系就更加多了。

绍圣二年（1095年）五月，惠州遭受了一场史上最大的洪水。在连续下了半个月的暴雨后，东江和西枝江的水位迅速上涨，几天之后，整个桥东县城都淹没了。惠州城一片泽国，人们纷纷弃家而逃。苏轼在《连雨江涨二首》中写道："浦浦移家蜑子船"，"人随鸡犬上墙眠"。一般来说，暴雨之前必有大风，而这次暴雨前刮的可是台风，狂妄迅猛。据史料记载，这次暴风雨刮倒了房屋两千余间，大树尽拔，有些人丧失了生命，好些人无家可归。在这个困难时刻，朝廷再次派程正辅到惠州视察灾情。当苏轼获得消息后，一再致书信探问，介绍惠州水灾情况，反映民生社情。九月二十六日，程正辅到，苏轼也和惠州官员、惠州百姓一样，在合江码头等候迎接，直到把程正辅送到府衙后，才回合江楼休息。第二天，苏轼就在合江楼居住的星华馆思无邪书斋将《书外曾祖程公逸事》赠给程正辅。程正辅这次到惠州视察灾情用了十天时间。其间，苏轼向程正辅反映惠州老百姓要求，建议政府拨款修建东、西新桥，筑西湖堤，就救灾减税之事谈了自己的看法，随后还用书信的形式向他上报。程正辅对苏轼的这些举动非常感慨，称赞苏轼心里只装着百姓，难怪杭州人民对他那么怀念，修筑生祠来纪念他。决定由政府拨些专款，并建议苏轼要取得詹太守的支持，选派得力的人来管理这几项工程的建设。程正辅要离惠返广州了，彼此都感到难舍难分，东坡沉痛地说："人生三十年为一世，我们都是六十以上的人了，人生的日子不多了。这次离惠，我一定要送送你，多叙一两天"。

在程正辅和詹太守的支持下，苏轼提议的"两桥一堤"工程方案，迅速得到实施。征得詹太守同意，苏轼出面请罗浮山冲虚观道士邓守安来具体操办建设浮桥之事，请栖禅院僧人希固来操办西湖的楼桥和筑堤之事。绍圣二年十月，"两桥一堤"工程同时开工了。西枝江渡口距平湖不远，只不过两里地左右。而在这小小的惠州城中有那么多民工在搞建设，人声鼎沸，热闹非常。而作为工程的倡导人苏轼,每天都要到这两个工地走走,了解工程进度,和邓守安、希固研究解决实际问题。这样一来,惠州城的老百姓都喜欢到工地来观看,一方面是看看工程进度,另一方面也是为了看看当代大诗人苏轼的风采。而苏轼本人呢,对自己提出的"两桥一堤"建议能够实现,也感到十分高兴。再说,到工地和民工聊聊,也好了解民情,使自己对惠州更加了解。所以,苏东坡每天都坚持到工地来看看。苏轼是一个对事业执着的人,现在虽然被贬,但有一袭朝服在身,虽有职无权,但为民办事就是责任,就是担当。但他对自己认定的"事业"仍乐此不疲,每天仍风雨不改地到这两个工地来察看。严重的问题发生了,工程进展到一半左右的时候,资金不继,无法正常运作。正当左右为难的时候,苏轼就把家中最值钱的东西,皇帝赏赐的一条犀带也捐了出来。苏轼捐了犀带之后,资金仍不够,他马上又给弟弟子由去信,向他的弟媳史夫人求助。子由接了信后,看到哥哥在贬谪的困境中仍热心为百姓做好事,心里感到非常高兴。想不到史夫人也被苏轼为民办好事的热情感动了,只得把从前内宫赏赐的黄金数千都捐了出来。经过八个月的奋战,这两座桥和堤终于在绍圣三年六月建成了。在惠州府城东面的、西枝江上的叫东新桥,西面的、西湖上的叫西新桥。竣工之日,惠州百姓欢欣鼓舞,兴奋异常,自发地在城西的西村中举行了盛大的庆祝会。老百姓邀请惠州太守詹范和苏轼参加,纷纷向太守和苏轼敬酒,表达对太守和苏轼的感激之情。苏轼和詹太守坐在草地上,望着百姓欣喜若狂的样子,苏轼禁不住即席赋诗:"……父老喜云集,箪壶无空携。三日饮不散,杀尽西村鸡。……"而对百姓对他的感激之情,则谦虚地说:"一桥何足云,欢传广东西。"可见苏轼在倡导惠州百姓修桥筑堤获得成功后,是有很大满足感的。后来,惠州人民为了铭记苏东坡的恩惠,便把丰湖的那两段堤称为苏堤,以作永久纪念。

苏轼关心农业生产,关心农具改进的事迹,至今在惠州广为流传。绍圣元年八月,苏轼在赴惠州贬所的途中,舟泊江西太和县。当地一位退休官吏曾安止拿着一本自己编撰的《禾谱》书稿来向苏轼请教。这是一本农书,记载了不少关于农作物的生产资料,苏轼看了之后,认为此书写得很翔实,对各种农作物的生长特点、生产管理方法都介绍了,对农民很有参考价值。美中不足的是,没有介绍耕作农具和改良农具的内容,这是一大缺憾。苏轼认为,生产工具的改良和进步,不亚于种植技术的提高。看完书稿后,他便向曾安止介绍了他在武昌时见到的、农民插秧时都骑的一种插秧工具——秧马,并极力赞美秧马的好处:……以榆枣为腹欲其滑,以楸桐为背欲其轻。腹如小舟,昂其首尾,背如覆瓦,以便两髀,雀跃于泥中,系束藁其首以缚秧。日行千畦,较之伛偻而作者,劳佚相绝矣。……春云濛濛雨凄凄,春秧欲老翠剡齐。嗟我妇子行水泥,朝分一垄暮千畦。腰如箜篌首啄鸡,筋烦骨殆声酸嘶。我有桐马手自提,头尻轩昂腹胁低。背如覆瓦去角圭,以我两足为四蹄。耸踊滑汰如凫鹥,纤纤束藁亦可赍。何用繁缨与月题,揭从畦东走畦西。山城欲闭闻鼓鼙,忽作的卢跃檀溪。归来挂壁从高栖,了无刍秣饥不啼。少壮骑汝逮老黧,何曾蹶轶防颠隮。锦鞯公子朝金闺,笑我一生蹋牛犁,不知自有木駃騠。(《秧马歌(并引)》)苏轼把这种农具写得很具体:徒手插秧,要弯腰俯首,弄得腰酸骨痛,声音沙哑。而秧马呢,非常轻便,一手提着就可以走。况且,用秧马插秧非常快,苏轼把它比作刘备的"的卢"马,比作"駃騠"。插完秧后把它往壁上一挂,再不用服侍它。可见苏轼对先进农具秧马是充满着感情的。苏轼到了惠州之后,仍念念不忘推广他见到的秧马。他在《题秧马歌后四首》中说,他曾向博罗县令林抃、龙川县令翟东玉、衢州进士梁君瑨等推荐过秧马,把《秧马歌》抄给他们,还向他们介绍秧马的制作和操作方法。更为可贵的是,在苏轼的推广下,"林君(林抃)喜甚,躬率田者制作阅试,以谓背虽当如覆瓦,然须起首尾如马鞍状,使前却有力。惠州民皆已施用,甚便之。"林抃叫农民施用后,还对原来的秧马制作有所改进:"以榆枣为腹患其重,当以杞木,则滑而轻矣。"而且,用秧马插秧,其优点是很明显的:农民弯着腰来插秧,不仅腰酸腿软,而且他们拔了秧之后,是在脚跟上来打、洗掉秧根上的泥的。这样,时间长了,不少农民的小腿、脚跟就会溃烂。现在有了秧马,就可以全部解决这些问题了。农民坐在秧马上,可以拔秧、洗秧和插秧,劳作十分方便。从这件事可以看到,苏东坡对推广新式农具是不遗余力的。苏东坡不仅向惠州百姓推广秧马,而且还向江苏浙江百姓推广。

苏轼在惠州,名为贬官,心里却一直装着老百姓,他利用和程正辅的关系,写了一封一千七百多字的长信,详细介绍了当地军队侵占居民利益的情况,同时提出了解决问题的六条意见和办法,最终,较好地解决了军队违纪和扰乱老百姓正常生活的问题。

苏轼爱上了惠州,他准确地记下了第一次吃到荔枝的情况,绍圣二年四月十一日初食荔枝。

四月十一日初食荔支

南村诸杨北村卢,白华青叶冬不枯。
垂黄缀紫烟雨里,特与荔支为先驱。
海山仙人绛罗襦,红纱中单白玉肤。
不须更待妃子笑,风骨自是倾城姝。
不知天公有意无,遣此尤物生海隅。
云山得伴松桧老,霜雪自困楂梨粗。
先生洗盏酌桂醑,冰盘荐此赪虬珠。
似闻江鳐斫玉柱,更洗河豚烹腹腴。
我生涉世本为口,一官久已轻莼鲈。
人间何者非梦幻,南来万里真良图。

这首诗极言赞美荔枝,其中"红纱中单白玉肤"便暗用了白居易《荔枝图序》的句子:"膜如紫绡,瓤肉莹白如冰雪。"一"红"一"白",对比鲜明,写出了荔枝鲜美的颜色。"不须更待妃子笑,风骨自是倾城姝。"用的是唐代诗人杜牧《过华清宫》诗中的典故:"一骑红尘妃子笑,无人知是荔枝来。"相传杨贵妃非常喜欢吃荔枝,但荔枝很难保鲜,所以唐玄宗命令官差日夜兼程从四川飞马运送新鲜荔枝到长安。苏轼在这里用"倾城姝"这幽默、双关的语言来赞美荔枝的"风骨"美。接着,还极赞荔枝的味美:"似闻江鳐斫玉柱,更洗河豚烹腹腴。"在此诗句中还自注:予尝谓荔枝,厚味高格两绝,果中无比,唯江鳐柱、河豚鱼近之耳。你看,苏轼对荔枝的赞美已达到极致的程度了。他认为,在所有食品中,江鳐柱、河豚鱼的味道是最好的,只有荔枝才可以和这两类食物相匹敌。于是,他由吃荔枝这件事想到了当朝一些官员争新买宠之事,便一口气写下了《荔枝叹》这首千古名篇。

荔 枝 叹

十里一置飞尘灰,五里一堠兵火催。
颠坑仆谷相枕藉,知是荔枝龙眼来。
飞车跨山鹘横海,风枝露叶如新采。
宫中美人一破颜,惊尘溅血流千载。
永元荔枝来交州,天宝岁贡取之涪。
至今欲食林甫肉,无人举觞酹伯游。
我愿天公怜赤子,莫生尤物为疮痏。
雨顺风调百谷登,民不饥寒为上瑞。
君不见:武夷溪边粟粒芽,前丁后蔡相宠加。
争新买宠各出意,今年斗品充官茶。
吾君所乏岂此物,致养口体何陋耶。
洛阳相君忠孝家,可怜亦进姚黄花。

这首诗的前半部,描绘了一幅尘土飞扬、死者满途的荔枝进贡图,并与"宫中美人一破颜"形成鲜明的对比,从而深刻地揭露了汉唐以来以荔枝为贡品给人民带来的深重灾难。后半部指责了钱惟演贡牡丹,丁谓、蔡襄贡茶,无异于李林甫为相时专事谄谀,都是争新买宠,伤财溺民的暴政。在这首诗中,苏东坡大胆地谴责了唐代宰相李林甫,宋代的丁谓、蔡襄、钱惟演争新买宠的行径,同时,又从心底发出了"雨顺风调百谷登,民不饥寒为上瑞"的愿望,从而把自己的爱憎淋漓尽致地表达出来。

绍圣三年,也就是苏东坡贬寓惠州的第三个年头。当他再次吃上荔枝时,又有了与去年不同的感受,他感到惠州这个地方风景秀丽,民风淳朴,加上又有荔枝龙眼这些岭南佳果,应该是自己终老的好地方啊。于是,他又情不自禁地写下了著名的《惠州一绝》一诗。

惠 州 一 绝

罗浮山下四时春,卢橘杨梅次第新。
日啖荔枝三百颗,不辞长作岭南人。

看来,苏轼要在惠州长期生活下去了。他托朋友帮忙,竭尽所有,买下一块地建房,原因有三:一是想长期在惠州生活下去;二是儿子苏迈正在活动指派粤中的差使;三是托付给弟弟苏辙的家眷想聚在一起。历经一年的周折,才在白鹤峰建了一个自己的家。面对新家,苏轼感慨万分,禁不住老泪纵横,在三月二十九日这天,写下了在惠州的最后一首诗《三月二十九日二首》。

三月二十九日二首

南岭过云开紫翠,北江飞雨送凄凉。
酒醒梦回春尽日,闭门隐几坐烧香。
门外橘花犹的皪,墙头荔子已斓斑。
树暗草深人静处,卷帘欹枕卧看山。

诗中虽然表达出苏东坡的恬静,与世无争。但经过劫难的苏东坡,把人生和社会都看透了。

可惜好景不长,倾囊所建的新屋,还没住满三个月,一道皇命,就匆匆把他贬到天涯海角的海南岛儋州去了。

宋绍圣时期,当政者对元祐党人的打击是残酷无情,毫无人道,甚至到了疯狂的地步。他们根据每人的名字来决定其贬谪之地,苏轼字子瞻,因贬儋州,苏辙字子由贬雷州,黄庭坚字鲁直,贬宜州。当时,一位测字先生曾经预测:子由所在之雷州,头上有雨水,情况最好,子瞻的儋州有人在,也可生还,唯有鲁直的宜州,宜字去头,恐怕性命难保。后来,果然都一一应验了。据陆游《老学庵笔记》中说,章惇选择儋州这个地方,是因为苏轼字子瞻,瞻与儋形似的缘故。而苏辙被贬谪到雷州,是因为苏辙字子由,由与雷,下面都有田字。如此荒诞的理由,可见当政者的傲慢和任性到了何等地步,后世之人没有不为之愤懑的。贬到儋州,是苏轼一生面临最重的灾难,那里是充军和流放要犯的地方,遍地一片蛮夷和荒芜。据说在宋朝,放逐海南是仅比满门抄斩罪轻一等的处罚。

风烛残年,万里投荒,苏轼是有一定心理准备的。其时已年届62岁高龄,他认为此去再无生还希望,便把全家安置在惠州,只带小儿子苏过一起渡海。走到梧州的时候,突然得知弟弟苏辙被贬雷州,而且也在报到的路上,尚未走出滕州,距离百里左右。

苏轼决定加快脚步,一路疾行,追赶苏辙。兄弟二人在万里之外的异乡能够相聚,可谓悲喜交集。据说兄弟俩相伴而行,一走就是数日。有一天他们来到滕州的一家小酒店歇息,店里只有做工低劣的汤饼,也就是热汤面片。养尊处优惯了的苏辙,看着脏兮兮的碗筷和"粗恶不可食"的汤面,便放下筷子唉声叹气。而苏轼却毫不在意,风卷残云,片刻吃个精光,还跟苏辙调侃说:"你想仔细品尝这美味吗?"

我们无法想象北宋年间的面片汤会粗糙到何种程度。推想当时的研磨技术,面食应该远不如现代的精细,什么都能看得开的苏轼,尚且都要采取不嚼快咽的策略,其低劣不堪便可想而知了。身陷绝境,却能坦然面对,谈笑自如,苏轼这种乐观旷达处变不惊的心态和境界,也难怪千百年来,让人深为叹服。

苏轼在雷州和弟弟相聚了四天,又忍痛而别,挥泪南下。临别少不了叮嘱苏辙要放宽心态,保重身体。"萧然两别驾,各携一稚子。"纵使千百年后的今日,想象一下他们两人生离死别,各奔苦难前程的凄然情景,依然如在眼前,令人痛心。

苏轼到了儋州,按照惯例,他给弟弟苏辙寄了一首诗,其中有这样两句:"他年谁作舆地志,海南万里真吾乡"。可见苏轼已将海南当成了自己人生的终点、最后的归宿。他在给朋友的信中也说:"今到海南,首当作棺,次当作墓。乃留手疏与诸子,死则葬海外。"昌化军(儋州)的军使张中,对苏轼很是照顾,把他奉为上宾,盛情款待,安置在官舍住下,还时常与苏过对弈达旦,苏轼在一旁观棋不厌,一派心安理得、气定神闲的高雅光景。

当时,朝廷对贬谪后的苏轼还有如下三条禁令:一不得食官粮,二不得住官舍,三不得签书公事。幸亏遇到豪爽仗义的张中,使得初到儋州的落魄文豪,心里总算有一份慰藉。苏轼在后来赠给张中的诗中说:"海国此奇士,官居我东邻。卯酒无虚日,夜棋有达晨。小瓮多自酿,一瓢时见分。"

可惜好景不长。这样的日子大约持续半年多,苏轼的政敌湖南提举董必察访广西,听说这个情况以后,派人来到儋州,将苏轼父子逐出官舍。后来又罢了张中的官。

苏轼被逐出官舍后,所幸当地老百姓和一些文人学子对他很友好,帮他修造草屋五间,勉强遮风避雨。苏轼遂把草舍命名为"桄榔庵",成为他和当地老百姓融合的一个重要场所。当时儋州非常荒凉,"北船不到米如珠"(《纵笔三首》)。"尽卖酒器,以供衣食",常常以红薯、紫芋充饥。苏轼有了贬居黄州的经验,为了解决衣食之困,他向儋州太守要了一块官地耕种,以便自食其力。

儋州生活极其艰苦,但是苏轼仍然"超然自得,不改其度"。一方面勤奋创作诗文自娱,另一方面"著书以为乐",进一步修改整理在黄州时业已完成的《东坡易传》和《论语说》,同时又作《东坡书传》十三卷、《志林》五卷。在《答苏伯固书》中他说:"某凡百如昨,但抚视《易》、《书》、《论语》三书,即觉此生不虚过也。"

苏轼由于自己的境遇,过去一直推崇杜甫,现在又把陶渊明作为自己最好的精神伴侣。《入寺》一诗,很具体地表述了他的这种心态。

入　　寺

曳杖入寺门,辑杖挹世尊。
我是玉堂仙,谪来海南村。
多生宿业尽,一气中夜存。
且随老鸦起,饥食扶桑暾。
光圆摩尼珠,照耀玻璃盆。
来从佛印可,稍觉魔忙奔。
闲看树转午,坐到钟鸣昏。
敛收平生心,耿耿聊自温。

苏轼在儋州没有忘记与老百姓血浓于水的亲情关系,尤其是对当地的黎族人民很友善,认为"咨尔汉黎,均是一民"。于是,他便发挥自己的特长,开展文化教育,普及文明,将中原优秀文化传播给当地人。《琼台纪事录》中说:"宋苏文忠公之谪居儋耳,讲学明道,教化日兴。琼州人文之盛,实自公启之。"儋州"载酒堂"是根据《汉书·扬雄传》中"载酒问字"的典故而命名的,是张中和黎子云兄弟倡议集资,并在黎子云祖宅边修建的。到了清代,进士王方清和举人唐丙章在此掌教,"载酒堂"又改称"东坡书院"。表面看,那是苏轼与朋友饮酒求乐的"会所",实际上,是他以文会友、"问奇请益"、敷扬文教的地方。这个看起来十分简陋的"载酒堂",实现了中原文明和海南文化的有效对接,是海南文明进程的重要标志。

苏轼利用"载酒堂"办成讲学堂,力主教化,热忱劝学,传播文明,招募了几个优秀的本土学子,亲自教学和培养。著名的有明朝万历《儋州志》记载的"符确,儋州高麻都人"、琼州人姜唐佐拜苏轼为师,学习中原文化,彼此在教与学当中,首先是克服语言障碍,从最基本的语言交流开始,然后以儒家文化为基础,再攻读四书五经,继承汉唐文风,专研欧阳修诗文革新,传授辩证哲学思想,两年下来,符确到内地参加科举考试,喜及入第,惊破天荒,成为海南历史上第一位进士。还有笃学上进、侠义好客的儋州人黎子云兄弟,"词义兼美"、忠厚正直的琼州"佳士"姜唐佐等人,皆出自于此。来自琼山府的学生姜唐佐,是当地学堂的一位老师,也是一位饱学之士。他一面认真教书,一面潜心读书。可惜几次参加科举,均屡试不第,只考得一个举人资格。得知苏轼被贬儋州,姜唐佐便带着老母亲从琼山赶来拜师,并一直侍奉左右,深得苏轼真传。姜唐佐气质不俗,文风磊落大方,错落有致,很有中州之风。去广州应考前,苏轼在他的扇子上题了两句诗:"沧海何曾断地脉,白袍端合破天荒。"并鼓励他说:"异日登科,当为子成此篇。"

第二年,姜唐佐北上参加会试,途经河南汝州,顺路拜会苏辙。苏辙把哥哥在北归途中去世的消息告诉了他。姜唐佐拿出老师题字的折扇,苏辙补写了这首七绝的后两句:"锦衣他日千人看,始信东坡眼目长。"姜唐佐对苏辙表示不再参加任何考试,回到家乡开办学堂,把老师播下的中原文化火种继续播撒下去。后来,姜唐佐回到家乡,开坛讲学,终老乡里。

有了符确和姜唐佐的"破天荒",才有后来海南的人才辈出。从此以后,经宋元明清几代,海南共出举人767人,进士97人。《琼台纪事录》载:"宋苏文忠公之谪居儋耳,讲学明道,教化日兴,琼州人文之盛,实自公启之。"在海南儋州的五公祠内,悬挂着一副令人遐想的楹联:"灵秀毓峨眉,纵观历代缙绅,韩、富以来如公有几?文明开儋耳,遥想三年笠屐,符、黎而后名士滋多。"儋州人民还专门建了一个苏公祠,世世代代纪念苏轼。

由于受到苏轼的影响,现在儋州人崇尚读书,读书人之间经常诗歌唱和。甚至连这里说话的尾调都颇似四川方言,被称为"东坡话",体现了人们几百年来对苏轼的深厚情感。苏轼在儋州,留下了许多传世佳话,为我国知识分子从政为文、升迁浮沉提供了一个耐人寻味的形象写照。

当时,儋州的农业还处于原始时代,刀耕火种,生产方式十分落后,导致农民生活十分贫困。苏轼深知治贫先治愚的道理,利用和当地老百姓接触的时间,从思想上开导他们。他写了《和陶劝农六首》,他发现海南大面积荒芜,而种地收成低,连自己都不够吃。他告诉黎民:"天不假易,也不汝匮","利尔耝耜,好尔邻偶。斩艾蓬藋,南东其亩,父兄搢梴,以抶游手"。告知老百姓不靠天,不靠地,自己动手才能丰衣足食,学习农业生产技术,相信科学,发展生产。黎族老百姓在苏轼的带动和示范下,改善土壤,精耕细种,恰当密植,合理施肥,不久便出现了一派丰收的景象:"霜降稻实,千箱一轨"。"大作尔社,一醉醇美。"苏轼还诚恳地说:听我苦言,其福永久。苏轼劝黎族百姓重视发展农业生产,可以说是苦口婆心加上以身示范相结合,对黎族同胞的赤诚之情跃然纸上。儋州县志记载:"北宋苏文忠公来琼,居儋四年,以诗书礼教转化其风俗,变化其人心。"

在和当地老百姓生活的日子里,苏轼对当地人是关爱有加,悉心照料。当地人长期引用地表水,不卫生,常生病,生病以后不看医生,而是信巫信鬼,崇拜迷信,甚至"病不饮药,但杀牛以祷",愚昧之至。苏轼不顾六十高龄,成天奔波游说于百姓之间,宣传"杀牛以祷"、"以牛为药"纯属无稽之谈,迷信之至。他亲自用中草药解决他们的生病问题,用黑豆制作辛凉解表的"淡豆豉",用大葱、生姜等熬制"葱豉汤",并传授相应的技术。苏轼就当地的常见病,研究出十几种很见效的药方,还想办法解决根本问题,带领老百姓掘井,饮用地下水,并亲自将眉山家乡打土井的技术教授给当地百姓。

苏轼是墨的制作与鉴赏的行家。当时的海南缺笔缺墨,尤其是墨,十分昂贵。苏轼小品文《书潘衡墨》中记载,金华墨商潘衡来儋州制墨,得到的松烟很多,制成的墨质量却很差,粗糙结块。苏轼仔细观察后,教他把炉灶与烟囱之间的距离拉大一些,让炉灶再宽大一些,让其有充足的空气在里面,结果得到的松烟虽然只有原来的一半,但是磨出的墨汁却比以前更浓黑细腻,书写更加流畅顺手,质量更好了,这就是著名的"海南松煤,东坡法墨"的由来。

苏轼还是一位名副其实的美食家。当年贬居黄州时,写有一篇《猪肉颂》,谈到制作方法:"净洗铛,少著水。柴头罨烟焰不起。待他自熟莫催他,火候足时他自美。黄州好熟肉,价贱如泥土。贵者不肯吃,贫者不解煮。早晨起来打两碗,饱得自家君莫管。"儋州人常年以山芋为主食,久已生厌,父子俩自创了一道美食,名曰"玉糁羹"。并以诗记之:"香似龙涎仍酽白,味如牛乳更全清。"不久便家喻户晓,争相模仿,迅速传播。在吃的问题上,苏轼还是一位不折不扣的冒险家。《闻子由瘦 儋耳至难得肉食》一诗中写道:"五日一见花猪肉,十日一遇黄鸡粥。土人顿顿食署芋,荐以薰鼠烧蝙蝠。"吃鼠类也就罢了,苏轼居然连蝙蝠也敢吃,再怎么入乡随俗,这也是需要极大的勇气的。有一次,当地的土著百姓送来一些生蚝,父子俩把它们剖开,把肉放进锅里,突发奇想,倒进一些酒煮了起来,味道十分鲜美。边吃边嘱咐儿子苏过不要对外人谈起,"恐北方君子闻之,争欲为东坡所为,求谪海南,分我此美也"。为了一道美食而求贬孤岛,估计也就苏轼想得出来。可见其沧桑阅历的背后,藏着一颗充满童趣的心。

在儋州,苏轼还结合气候条件与生活起居,发明了养生三法,即晨起梳头、中午坐睡和夜晚濯足。后来写成《谪居三适》,虽然写的是生活小事,却体悟颇深,予人启迪。当时海南岛由于开化较晚,生产条件落后,稻米无力自给,只能靠北方供应。为了度过"北船不到米如珠,醉饱萧条半月无"的艰难日子,苏轼和儿子参照古籍中的龟吸之法,通过调整呼吸吐纳,平衡能量的摄入和消耗,锻炼精气神,效果颇佳。

在艰苦的环境里,苏轼的笔没有停留,他以超然的心态,以著书为乐,在儋州创作了诗词140余首,散文等100余篇,书信40余篇。他用枯萎的生命书写出了人生与文学的辉煌。

元符三年(公元1100年)6月20日,65岁的苏轼在儋州生活了三年零九天之后,终于接到大赦的诏令,北返中原。真的要走了,此时苏轼的心情却异常复杂。既有将与子孙团聚的喜悦,又有对儋州父老的不舍。他在诗中表达了自己的深情。

别海南黎民表

我本海南民,寄生西蜀州。
忽然跨海去,譬如事远游。
平生生死梦,三者无劣优。
知君不再见,欲去且少留。

他以诗明志,把海南当作故乡,而把出生之地蜀州看成寄生之地。可见苏轼已经深深地爱上了这片异乡的土地和这里的人民。"余生欲老海南村,帝遣巫阳招我魂。杳杳天低鹘没处,青山一发是中原。"这首诗是苏轼在海南最后的作品,题目是《澄迈驿站通潮阁二首》。

第二年的六月十一日,苏轼在路过镇江的时候,游览了金山寺,看到寺里自己的一副画像挂在那里,那是十年前在驸马都尉王诜王晋卿苏州西园雅集,全北宋几位杰出的文学家、艺术家几乎都来了,李公麟为其画的一副像,是寺内主持冒着生命危险保存下来的,苏轼就坐在这座王家花园的一块石头上,头上戴着他标志性的"子瞻帽",手里拿着弯曲的竹杖,穿着宽大的道袍,神情严肃地望着花园的尽头。他的眼睛细长而又明亮,还是那样纯粹没有遮拦,眼睛上面的双眉细而挑,直插鬓际,使一张脸显得方正均匀。面对此情此景,苏轼抚今追昔、感慨万千,于是在上面题写了一首六言诗。

自题金山画像

心似已灰之木,身如不系之舟。
问汝平生功业,黄州惠州儋州。

第一句说自己年事已高,形容枯槁,内心平静,不再有恩怨,不再有波澜,就像木头燃烧之后化作冷灰。然后说自己一生在官场颠沛流离,就像离岸的小舟一样,身不由己,不知所如。而后两句则让人为之一振。按照常理,三次贬谪应该是他心底永远的痛。然而恰恰是这最难熬的逆境,丰富了他的内心和阅历,使他有更多自由的时间做自己想做的事,写作、思考、喝酒、赏月、品味世情、感悟人生,展现出他丰盈饱满的精神世界。几次贬谪,都是以失意开头,以诗意结尾。最后一句是他对自己一生的客观评价。

人世间的事,往往就是这样富于戏剧性,苏轼遇赦北归时,构陷他的宰相章惇因为反对徽宗即位,被贬谪岭南。章惇的儿子章援,怕苏轼报复他的父亲,便写信请苏轼手下留情。苏轼马上回信安慰他们,并把自己在岭南生活的心得和经验告诉章援,还嘱咐他岭南缺医少药,要给父亲多带些药品,以备不时之需。章援见信后,深为苏轼的宽宏大度和古道热肠所感动。

《论语》开篇就说:"学而时习之,不亦说乎?有朋自远方来,不亦乐乎?人不知而不愠,不亦君子乎?"孔子在此着重强调了君子应有的风貌,这就是古代仁人志士的操守,也是苏轼的生活态度以及思想境界的根源。

苏轼在《潮州韩文公庙碑》中说:"浩然之气,不依形而立,不恃力而行,不待生而存,不随死而亡矣。故在天为星辰,在地为河岳,幽则为鬼神,而明则复为人。此理之常,无足怪者。"诗文使人灵透,信仰使人坚定。充塞天地的浩然之气,正是中华民族的内在精神。对于中华文化而言,对于海南儋州而言,苏轼的存在,是天理昭彰,是中华民族伟大精神的耀眼之光。

"九死南荒吾不恨,兹游奇绝冠平生。"苏轼的这两句诗气势雄健,展示了一个以圣贤为榜样的人,颠沛流离之际,对仁慈恻隐、节义廉耻的持守。

中国历代优秀知识分子,其处境之困苦,使命之艰巨,心态之昂扬,意志之坚强,人格之伟大,从"虽九死其犹未悔"的屈原,到"兹游奇绝冠平生"的苏轼,再到"旌旗十万斩阎罗"的陈毅,从书生意气,到革命家的情怀,可知这天地间的浩然之气,始终都是蓬蓬勃勃川流不息的。

斗转星移,倏忽就是千年。今天我们重读苏轼,不仅因为他的文学造诣让我们高山仰止,他融坚毅、豪放、豁达于一身的高贵品质,对黎民百姓的火热深情,更值得我们学习。由此想到,那些为了中华民族的光明未来而历经苦难的仁人志士和革命先辈,他们始终没有被敌人战胜,没有被困难压倒,他们是中华民族的脊梁,他们代表了中华民族自强不息的伟大精神!

第九讲 兄弟情义 盖世无双

中国古代传统文化中非常重视五伦道德思想,五伦指的是五种人伦关系和言行准则。即古人所谓君臣、父子、兄弟、夫妇、朋友五种人伦关系。用忠、孝、悌、忍、善为"五伦"关系准则。

孟子认为:君臣之间有礼义之道,故应忠;父子之间有尊卑之序,故应孝;兄弟手足之间乃骨肉至亲,故应悌;夫妻之间挚爱而又内外有别,故应忍;朋友之间有诚信之德,故应善。这是处理人与人之间伦理关系的道理和行为准则。

苏轼兄弟相亲相爱相知相念,在政治上荣辱与共肝胆相照,生活上同甘共苦相依为命,文学上珠联璧合相得益彰,学问上满腹经纶高屋建瓴,为天下所赞美,举世无双。

在苏氏大家庭中,苏序共有嫡孙七人,苏位、苏佾、苏不欺、苏不疑、苏不危、苏轼、苏辙,苏轼在兄弟中排行第六,因此有五位兄长。他们彼此之间都非常友好,常有书信往来,也不少诗词和送,其中苏轼苏辙之间的友谊和感情,仅用手足、雁行、金兰和棠棣都无法比喻,堪称举世楷模。

苏轼苏辙兄弟俩,从小接受的是中国传统正宗儒家文化,"四书五经"烂熟于心,世界观的形成是以儒家文化为主,其他文化兼容。即便他们的启蒙老师是"天庆观"的道士,那是宋朝皇帝对道教情有独钟而推行的一种时尚文化,对中国的主流文化只是一种影响,并未取代儒家文化的统治地位,儒家文化的核心是"仁",由此生发的"仁爱""仁心""仁义""仁慈"等,"仁"即爱父母、爱兄弟姐妹、爱亲戚朋友、爱平民百姓、爱所有的人、爱天地万物,这是一种泛爱、普遍的爱。儒家文化对苏轼兄弟的影响是沁进血液里、扎进骨子里,无法改变的。在朝廷上,因为"仁",兄弟俩刚直不阿、直言敢谏;在地方执政,因为"仁",体恤百姓,关心民生;因为"仁",兄弟几十年,情同手足,至死不渝。至于后来影响较大的佛家文化注入苏轼兄弟思想上,也是与传统儒家文化并行,相互融入和杂糅,并未取代儒家文化的主体地位。在这种文化思想理念的框架内,苏轼兄弟无论一起读书、赴京应考、入仕做官、蒙受政治灾难、陷入生活困境等,彼此之间建立的友谊和感情的基础都是牢固的,无懈可击和不可动摇的。

苏洵在为儿子取名时,深有讲究。大儿子名"轼"。他说:车轮、车辐、车盖和车轸,也即车后的横木,都是车子的重要组成部分。而轼,只是车前用作搭手的横木,没有它,虽然卖相会难看一点,但毕竟不要紧。苏轼从小生性旷达,活泼好动,其父告诫他要像"轼"那样放低身段,注意"外饰",而不要自以为是,锋芒毕露。然天下的车莫不循辙而行,虽然论功劳,车辙是没份的,但如果车翻马毙,也怪不到辙的头上。苏洵的小儿子性格平和,本分内向,他为其取名"辙",觉得这样很好,可以免祸。此后,苏轼苏辙遗留在历史上的印迹,大多得到了印证。

苏轼兄弟从小在一起读书的时候,苏轼就起到一个兄长的作用,以身作则,带头示范,苏辙时常本能地向哥哥苏轼学习,两人终日一起,未曾分离,日后所形成的学习方法、行为习惯,在他们所表现出来的文风中,可以见到许多相似之处。有一次,学子陈建用、杨尧咨、苏轼、苏辙在刘巨门下读书,时值大雨,大家兴致袭来,便以此景联句,陈建用先开场:"庭松偃盖如醉",杨尧咨随后:"夏雨新凉似秋",苏轼紧接:"有客高吟拥鼻",苏辙殿后:"无人共吃馒头。"吟毕,大家相视欣赏,为之倾倒。

苏辙曾说:"昔余少年,从子瞻游,有山可登,有水可浮,子瞻未始不褰裳先之。"幼时"游戏图书,痿瘵其中,曰予二人,要以是终"。"平足之爱,平生一人。""自信老兄怜弱弟,岂关天下无良朋。"苏轼亦在写给好友李常的一首诗中说:"嗟予寡兄弟,四海一子由。""我少知子由,天资和而清。岂独为吾弟,要是贤友生。"还常常说他实不如苏辙,"至今天下士,去莫如子猛。"苏轼兄弟二人这些观念的形成,都是与儒家"仁义""仁爱"思想一脉相承的。

苏轼苏辙两兄弟的性格是有差异的,苏轼性格豪放爽朗,属于外向型,苏辙性格内敛冷沉,属于内向型。往往在诗词互和时,苏轼在先,弟弟在后,表现了苏辙对哥哥的礼让和谦恭。在第二次赴京途中,父子三人沿途吟诗作词,创作了不少作品,收集在《南行前集》内,苏洵作序,集中有同题同时同景之作,比较苏轼苏辙作品,就会发现二人虽是兄弟,但在作文上,互不相让,引经据典,各显神通,大有决一高下之势,很多作品细细嚼味,难分伯仲。

嘉祐六年(公元1061年)苏轼兄弟一起参加"制科"考试,苏轼入三等,苏辙入四等,皆具为官的资格,苏轼授官大理评事、凤翔府签判,苏辙授商州军事推官,两人初入仕途。苏辙是细心人,深知父亲抱病在身,需要有人伺候,他毅然决定自己辞官不任,留京城与父为伴,让兄长无后顾之忧,前往凤翔任职。果然不出所料,四年后,苏洵病逝于京城。

苏轼上任凤翔,苏辙一路相送。从京城出发,一直送到郑州才依依惜别,这是兄弟间第一次分手。苏辙策马返回,苏轼登高眺望子由的乌帽随山坡的起伏而忽隐忽现的影像,顿生出悲悯和忧伤。彼此心里难以放下,苏辙回京后作有《怀渑池寄子瞻兄》寄给兄长苏轼。

怀渑池寄子瞻兄

相携话别郑原上,共道长途怕雪泥。
归骑还寻大梁陌,行人已度古崤西。
曾为县吏民知否?旧宿僧房壁共题。
遥想独游佳味少,无方骓马但鸣嘶。

这首诗描述了自己曾经路过河南渑池,回想起当初与兄长苏轼访僧留题之事,抒发了与兄长依依惜别的难舍之情。

苏轼读后,感慨万千,想起当年苏辙十九岁时,曾被任命为渑池县主簿,未到任即中进士。苏辙与苏轼赴京应试路经渑池,同住县中僧舍,同于壁上题诗。此情此景,历历在目,挥就了著名的《和子由渑池怀旧》。

和子由渑池怀旧

人生到处知何似？应似飞鸿踏雪泥。
泥上偶然留指爪，鸿飞那复计东西。
老僧已死成新塔，坏壁无由见旧题。
往日崎岖还记否？路长人困蹇驴嘶。

这首诗前四句一气贯串，自由舒卷，超逸绝伦，散中有整，行文自然。首联两句，以雪泥鸿爪比喻人生。一开始就发出感喟，有发人深思、引人入胜的作用，并挑起下联的议论。

"泥上偶然留指爪，鸿飞那复计东西。"当飞鸿远去之后，除了在雪泥上偶然留下几处爪痕之外，又有谁会管它是要向东还是往西呢。作者结合生活中的情景发出对人生的见解。用雪泥、鸿爪作喻，较之一般叙事文字直叙人生漂泊不定、匆匆无常要形象、蕴藉得多。根据清人查慎行《苏诗补注》记载，这个比喻是化用《景德传灯录》中天衣义怀禅师的话："雁过长空，影沉寒水，雁无遗迹之意，水无留影之心。"苏轼的比喻非常生动、深刻，在宋代即被人称道，并被作为诗人"长于譬喻"的例证之一。"雪泥鸿爪"这个成语也就一直流传至今。次联两句又以"泥""鸿"领起，用顶针格就"飞鸿踏雪泥"发挥。鸿爪留印属偶然，鸿飞东西乃自然。偶然故无常，人生如此，世事亦如此。他用巧妙的比喻，把人生看作漫长的征途，所到之处，诸如曾在渑池住宿、题壁之类，就像万里飞鸿偶然在雪泥上留下爪痕，接着就又飞走了；前程远大，这里并非终点。人生的遭遇既为偶然，则当以顺适自然的态度去对待人生。果能如此，怀旧便可少些感伤，处世亦可少些烦恼。苏轼的人生观如此，其劝勉爱弟的深意亦如此。此种亦庄亦禅的人生哲学，符合古代士大夫的普遍命运，亦能宽解古代士大夫的共同烦恼，所以流布广泛而久远。

前四句不但理趣十足，从写作手法上来看，也颇有特色。纪昀评道："前四句单行入律，唐人旧格；而意境恣逸，则东坡之本色。"

后四句照应"怀旧"诗题，以叙事之笔，深化雪泥鸿爪的感触。

五、六句言僧死壁坏，故人不可见，旧题无处觅，见出人事无常，是"雪泥""指爪"感慨的具体化。尾联是针对苏辙原诗"遥想独游佳味少，无方骓马但鸣嘶"而引发的往事追溯。回忆当年旅途艰辛，有珍惜现在勉励未来之意，因为人生的无常，更显人生的可贵。艰难的往昔，化为温情的回忆，而如今兄弟俩都中了进士，前途光明，更要珍重如今的每一时每一事了。在这首早期作品中，诗人内心强大、达观的人生底蕴已经得到了展示。

全诗悲凉中有达观，低沉中有昂扬，读完并不觉得人生空幻，反有一种眷恋之情荡漾心中，犹如冬夜微火。于"怀旧"中展望未来，意境阔远。诗中既有对人生来去无定的怅惘，又有对前尘往事的深情眷念。

此诗的重心在前四句，而前四句的感受则具体地表现在后四句之中，从中可以看出诗人先前的积极人生态度，以及后来处在颠沛之中的乐观精神的底蕴。全篇圆转流走，一气呵成，涌动着散文的气脉，是苏轼的名作之一。

苏轼喜欢读唐人的诗歌，在读到韦应物的诗句"宁知风雪夜，复此对床眠"后，感触很深，便与苏辙约定"夜雨对床"。后来两人在互答诗中不断提起。苏轼曾说:"君知此意不可忘,慎勿苦爱高官职。"在《绝命诗两首寄子由》中又说:"与君世世为兄弟,更结来生未了因。"

苏轼兄弟二人在文学上的建树都是很高的,居于"唐宋八大家"之列,何以成就之?首先,兄弟二人志趣相投,都以文章名天下。共同的爱好使兄弟二人有共同的语言。苏辙很谦虚,他说:"少年喜为文,兄弟俱有名。世人不妄言,知我不如兄。"(《题东坡遗墨卷后》)苏轼当然也很清醒,他说:"子由之文实胜仆,而世俗不知,乃以为不如。其为人深不愿人知之,其文如其为人,故汪洋澹泊,有一唱三叹之声,而其秀杰之气,终不可没。"(《答张文潜书》)苏轼去世后,苏辙满怀深情地怀念兄长:"我初从公,赖以有知。抚我则兄,诲我则师①。"《宋史·苏辙传》中也说:"辙与兄进退出处,无不相同,患难之中,友爱弥笃,无少怨尤,近古罕见。"兄弟二人就是这样互相推崇,互引为知己。

其次,兄弟二人在人生的旅途中,诗文酬唱寄赠很频繁。他们保持了父亲教授的好习惯,诗不离嘴,词不离口,文不离手,文学成为生活的必修课程,在分别、团聚这些节点上,都留有生活的痕迹,据不完全统计,如果不包括文章书信的话,二人仅诗词唱和就近200首。这在中国文学史上都是罕见的。

第三,兄弟二人具有共同的人生经历和相似的人生态度。在苏轼人生中最艰难的十年,先后经历了丧母、丧妻、丧父的三重打击。至亲之人相继离去,留给苏轼的是无限和巨大的悲伤,他的感情依托自然会留在唯一的一个亲弟弟身上。苏辙呢,古人有俗语,长兄为父,父亲不在了,长兄就是父亲,确实是这样,苏轼自觉地担当起了一个父亲的责任,将父亲与兄长的责任双双挑了起来。这得从他们接受的教育开始说起,在眉山三苏祠老宅堂屋门楣上,有一幅"是父是子"的匾额,是祖传家训的一种昭示,原意是父亲就是父亲,父亲要有做父亲的样子,儿子就是儿子,父子有别。我们曾读到过苏家三父子同文同堂所作的《六国论》,文章内容姑且不谈,但这种作文方式,在中国传统文化现象中十分鲜见,父子之间的平等人格显而易见,父子之间的深厚感情不言而喻,当父亲不在了,做兄长的,自然会有所担当,这是符合传统儒家思想和文化精神的,这些古代的优秀文化,在苏轼兄弟身上得到了前所未有的创造和发展。

苏轼永远不会孤独,因为在他一生中,有慈祥的父亲苏洵、贤弟苏辙、爱子苏过与苏迈、亦师亦友欧阳修、亦友亦徒"苏门四学士"、佛门挚友佛印、红颜知己朝云等,他这个人才不会孤独缥缈,他的人格才如此仰之弥高、钻之弥坚。而他们也成就了苏轼的一些人格魅力,成就了一些光辉的文学经典。但苏轼最出名、影响力最大的几首诗、词,都与苏辙有关,是兄弟二人共同用友谊和感情成就的。熙宁七年(公元1074年),苏轼离任杭州,请求移至密州,密州在山东境内,当时,苏辙在山东济南任职,意图两兄弟相近一点,便于见面。彼此因为公务繁忙,已经几年没有见面,十分想念,但,事与愿违,思念之情愈发强烈。到了当年的中秋,圆月当空,这是一个思念远方亲人的最佳时刻,此时,灵感得到了爆发,感情得到了升华,《水调歌头·明月几时有》这首千古名篇,为了弟弟,浑然天成。

水调歌头·明月几时有

丙辰中秋,欢饮达旦,大醉。作此篇,兼怀子由。

明月几时有?把酒问青天。不知天上宫阙,今夕是何年?我欲乘风归去,又恐琼楼玉宇,高处不胜寒。起舞弄清影,何似在人间?

转朱阁,低绮户,照无眠。不应有恨,何事长向别时圆?人有悲欢离合,月有阴晴圆缺,此事古难全。但愿人长久,千里共婵娟。

这首词前的小序直抒胸臆,就是为弟弟子由而作。"丙辰中秋,欢饮达旦,大醉。作此篇,兼怀子由。"苏轼因为与当权的变法者王安石等人政见不同,自求外放,辗转在各地为官。他曾经要求调任到离苏辙较近的地方为官,以求兄弟多多聚会,未能实现。公元1074年(熙宁七年)苏轼差知密州。

到密州后,虽与弟弟子由同在一个省,见面的愿望仍无法实现。中秋之夜,皓月当空,银辉遍地,苏轼掐指一算,与弟弟苏辙分别之后,已经七年未得团聚。此刻,一轮明月激起心潮澎湃,秋风送来阵阵呼唤,心上的兄弟,你是否听见?

唐圭璋《唐宋词简释》:此首中秋词。上片,因月而生天上之奇想;下片,因月而感人间之事实。挥洒自如,不假雕琢,而浩荡之气,超绝尘凡。胡仔谓中秋词,自此词一出,余词俱废,可见独步当时之慨。起句,破空而来,奇崛异常,用意自太白"青天有月来几时,我今停杯一问之"化出。"不知"两句,承上意,更作疑问,既不知月几时有,故亦不知至今天上为何年也。"我欲"三句,盖因问之不得其解,乃有乘风归去之愿,"我欲"与"又恐"相呼应。"琼楼玉宇,高处不胜寒",就本意说固高妙,就寓意说亦极蕴藉。"起舞"两句,仍承上来,落到眼前情事,言既不得乘风归去,唯有徘徊于月下。自首至此,一气奔放,诚觉有天风海雨逼人之势。

换头,实写月光照人无眠。以下愈转愈深,自成妙谛。"不应"两句,写月圆人不圆,颇有恼月之意。"人有"三句一转,言人月无常,从古皆然,又有替月分解之意。"但愿"两句,更进一解,言人与月既然从古难全,唯有各自善保千金之躯,藉月盟心,长毋相忘。原意虽从谢庄《月赋》"隔千里兮共明月"句化出,然坡公加"但愿"二字,则情更深,意更厚矣。唐人王勃有两句诗:"海内存知己,天涯若比邻。"意味深长,传为佳句,与"千里共婵娟"有异曲同工之妙。另外,张九龄的《望月怀远》说:"海上生明月,天涯共此时。"杜牧的《秋霁寄远》说:"唯应待明月,千里与君同。"都可以互相参看。但愿人人年年平安,相隔千里也能共享着美好的月光,表达了作者的祝福和对亲人的思念,表现了作者旷达的态度和乐观的精神。苏轼就是把前人的诗意化解到自己的作品中,熔铸成一种普遍性的情感。正如词前小序所说,这首词表达了对弟弟苏辙(字子由)的怀念之情,但并不限于此。可以说这首词是苏轼在中秋之夜,对一切经受着离别之苦的人表示的美好祝愿。

此篇是苏词代表作之一。从艺术成就上看,它构思奇拔,畦径独辟,极富浪漫主义色彩,是历来公认的中秋词中的绝唱。从表现方面来说,词的前半纵写,后半横叙。上片高屋建瓴,下片峰回路转。前半是对历代神话的推陈出新,也是对魏晋六朝仙诗的递嬗发展。后半纯用白描,人月双及。它名为演绎物理,实则阐释人事。笔致错综回环,摇曳多姿。从布局方面来说,上片凌空而起,入处似虚;下片波澜层叠,返虚转实。最后虚实交错,纡徐作结。全词设景清丽雄阔,以咏月为中心表达了游仙"归去"与直舞"人间"、离欲与入世的矛盾和困惑,以及旷达自适、人生长久的乐观态度和美好愿望,极富哲理与人情。立意高远,构思新颖,意境清新如画。最后以旷达情怀收束,是词人情怀的自然流露。情韵兼胜,境界壮美,具有很高的审美价值。此词全篇皆是佳句,典型地体现出苏词清雄旷达的风格。

对于这首《水调歌头》历来都是推崇备至。胡仔《苕溪渔隐丛话》认为此词是写中秋的词里最好的一首。这首词仿佛是与明月的对话,在对话中探讨着人生的意义。既有理趣,又有情趣,很耐人寻味。因此九百年来传诵不衰。吴潜《霜天晓角》:"且唱东坡《水调》,清露下,满襟雪。"《水浒传》第三十回写八月十五"可唱个中秋对月对景的曲儿",唱的就是"一支东坡学士中秋《水调歌》"。可见宋元时传唱之盛。全词意境豪放而阔大,情怀乐观而旷达,对明月的向往之情,对人间的眷恋之意,以及那浪漫的色彩、潇洒的风格和行云流水一般的语言,能给人们以健康的美学享受。

这首词在中国文学史上的影响极大,请看看名家点评。

蔡绦《铁围山丛谈》卷三:歌者袁绹,乃天宝之李龟年也。宣和间,供奉九重。尝为吾言:"东坡公昔与客游金山,适中秋夕,天宇四垂,一碧无际,加江流澒涌,俄月色如画,遂共登金山山顶之妙高峰,命绹歌其水调歌头曰:'明月何时有?把酒问青天。'歌罢,坡为起舞而顾问曰:'此便是神仙矣!'吾谓:'文章人物,诚千载一时,后世安所得乎?'"

胡仔《渔隐丛话前集》卷五十九、《渔隐丛话后集》卷三十九:先君尝云:坡词"低绮户",尝云"窥绮户"。二字既改,其词益佳。中秋词,自东坡《水调歌头》一出,余词俱废。

李冶《敬斋古今黈》卷八:东坡水调歌头:"我欲乘风归去,只恐琼楼玉宇,高处不胜寒。起舞弄清影,何似在人间?"一时词手,多用此格。如鲁直云:"我欲穿花寻路,直入白云深处,浩气展虹蜺。只恐花深里,红露湿人衣。"盖效东坡语也。近世闲闲老赵秉文亦云:"我欲骑鲸归去,只恐神仙官府,嫌我醉时真。笑拍群仙手,几度梦中身?"

刘熙载《艺概》卷四:词以不犯本位为高。东坡满庭芳:"老去君恩未报,空回首弹铗悲歌。"语诚慷慨,究不若水调歌头:"我欲乘风归去,又恐琼楼玉宇,高处不胜寒。"尤觉空灵蕴藉。

郑文焯评《东坡乐府》:发端从太白仙心脱化,顿成奇逸之笔。湘绮王闿运诵此词,以为此"全"字韵,可当"三语掾",自来未经人道。

正所谓"兄唱弟随",在苏轼写了《水调歌头·明月几时有》的第二年,苏辙也写了一首《水调歌头·徐州中秋》,来回赠兄长。苏轼读了也即席写了一首同调和韵之作,序中云:"余去岁在东武,作《水调歌头》以寄子由,今年子由相从彭门居百余日,过中秋而去,作此曲以别",词中抒写二人久别重逢接着又将分别的依依难舍之情。全篇语调凄凉,笼罩着浓厚的"愁"与"忧"的气氛,生动地表现出苏轼兄弟亲密无间的手足之情。

苏辙对于兄长苏轼,也是一片丹心天地可鉴。"乌台诗案"发生后,苏轼获罪,苏辙欲学汉代淳于缇萦救父的典故,为了替兄长保命和赎罪,把自己的生死置之度外,向皇帝《为兄轼下狱上书》,情真真,意切切,愿意降职、愿意罚款,最后感动了皇帝,免兄死罪。但同遭惩罚,被贬为监筠州盐酒税务。苏轼在狱中,感觉自己将遇到不幸,首先想到的是弟弟苏辙,自己死不足惜,"是处青山可埋骨,他年夜雨独伤神。与君今生为兄弟,又结来生未了因。"落下弟弟咋办?心里放不下呀!"乌台诗案"结束,苏轼在御史台关押103天以后出狱,苏辙不顾政治影响之嫌,亲临监狱门口迎接兄长苏轼,见面时用手捂住兄长的嘴,示意他"一切尽在不言中"。苏轼出狱后的生活打理,全由弟弟苏辙负责。不久,苏轼被贬到黄州,苏辙又远道赶来为之送行。苏轼每次移职或迁徙新的地方,苏辙尽可能前往送行,借机袒露心迹,互诉衷肠。苏轼任职徐州,苏辙送至后逗留了三月之多。

有一次,苏轼路过弟弟苏辙任职的陈州时,为了多陪陪弟弟,他在那里住了70多天,过了当年的中秋节才走。

苏轼兄弟已经形成一个习惯,每到一个新的地方,第一件要务,就是写诗或者作词给对方,以报到达之平安,免去挂念之心。一方收到之后,必有回复,步诗韵、填词牌,你来我往,交流甚密。如果长时间没有收到书信,就会担忧对方,在现存苏轼文集中,有几次专门记叙这种情况:"自立冬以来,风雨无虚日,海道断绝,不得子由书",另一次是元符八年(公元1098年)戊寅十月五日,因为长时间没有弟弟苏辙的书信,苏轼不得不用《周易》算卦。更为感人的有这样一封信,也是苏轼兄弟俩最后一次通信,这封信里有苏轼为何突然不去颖昌和弟弟居住的原因,因为听到朝廷"相忌安排攻击者众",有决不可往颖昌近地居者。同时非常遗憾兄弟两人最终不能相聚,将身后葬地事托付给苏辙,叫他不要破费,不必徇俗。此信书后两个月,苏轼瘴毒大作,暴病不起,卒于常州。临死前,苏轼对友人钱济明说:"惟吾子由,自再贬及归,不及一见而诀,此痛难堪。"在我们今天读到的三苏文献中,此类记载确实很多。

难能可贵的是,苏轼兄弟在富贵来临之时,互相礼让、高风亮节。元祐六年(公元1091年),55岁的苏轼被高太后从杭州召回朝廷,先是被安排做礼部尚书,后又任翰林学士承旨。当时,53岁的苏辙在朝中任尚书右丞。翰林学士承旨,是翰林学士院的主管,负责皇帝所有诏令的撰制,属于正三品,权利极大。尚书右丞是尚书省的主管官员之一,"奉天之命而施政"属于正二品。苏轼兄弟二人此时正值政治生涯的最高峰,随时面临政敌的嫉妒和攻击,为了避免给弟弟苏辙带来祸端,苏轼首先上《杭州诏还乞郡状》,恳请圣上"只作亲嫌回避,早除一郡,"意思是弟弟苏辙在朝,打理事务有不方便的地方,唯恐影响公务,为避免口实,苏轼请求回避,让皇上允许自己到地方任职。苏轼此举,明显是为弟弟苏辙事业让路。苏辙知道后,很感动也很不好意思,苏轼哥哥的义举感动了弟弟苏辙,于是,他也上书皇帝,且连奏四折,请求外任,理由是"兄轼才高行备,过臣远甚","只可使弟避兄,不可使兄避弟②"。兄弟二人面对高官厚禄彼此互相让路,这情义,这境界,实属举世罕见。真可谓"苏轼苏辙两相惜,天南地北情不孤。夜雨对床话冷暖,明月清风两兄弟"。

纵观苏轼的一生经历,可用几个数字来总结,4、2、8、4、8、7 年为单位:初仕凤翔四年,回京任职两年,外任杭、密、徐、湖州八年。"乌台诗案"后,谪黄州团练副使四年。元祐元年(公元

1086年),旧党执政,短期出任登州、杭州、颍州、扬州,即回京八年。绍圣元年(公元1094年),新党执政,出任定州,不久又贬惠州三年,再贬海南儋州四年。

苏辙的宦迹与苏轼几乎一致。熙宁年间,外放陈州、商丘一带。后因"乌台诗案"连累贬为筠州盐酒官。元祐元年(公元1086年)与苏轼同时入京,历任户部侍郎、尚书右丞、进门下侍郎。绍圣元年(公元1094年)与苏轼同贬汝州、筠州,继而再贬雷州、循州。

苏轼苏辙兄弟一生除去少年时代和丁忧在家六年外,其余时间是离多聚少,但他们非常珍惜在一起的时间。熙宁十年(公元1077年)苏轼与苏辙分别七年后在徐州相聚,觉得这是难得的机会,彼此促膝谈心,互道衷肠,特别是共同爱好的文学,更是交流甚欢,相得益彰,两人互相作诗应和,填词互韵。苏辙离开后,苏轼觉得意犹未尽,刚分别两天,就觉得好像离别了很久,又作《初别子由》。

初 别 子 由

我少知子由,天资和而清。
好学老益坚,表里渐融明。
岂独为吾弟,要是贤友生。
不见六七年,微言谁与赓。
常恐坦率性,放纵不自程。
会合亦何事,无言对空枰。
使人之意消,不善无由萌。
森然有六女,包裹布与荆。
无忧赖贤妇,藜藿等大烹。
使子得行意,青衫陌公卿。
明日无晨炊,倒床作雷鸣。
秋眠我东阁,夜听风雨声。
愚知不久别,妙理重细评。
昨日忽出门,孤舟转西城。
归来北堂上,古屋空峥嵘。
退食误相从,入门中自惊。
南都信繁会,人事水火争。
念当闭阁坐,颓然寄聋盲。
妻子亦细事,文章固虚名。
会须扫白发,不复用黄精。

可知苏轼苏辙两兄弟不仅有骨肉之情,更是高山流水的知音。他们是兄弟,是师生,是诗词唱和的良友,是政治上荣辱与共的伙伴,是精神上互相勉励安慰的知己,他们全面地准确地诠释了中国古代孝悌文化中的"悌"字,即心里的弟弟。

在苏轼与苏辙的信件中,更多的是谈生活方面的事情。因为"乌台诗案"的影响,苏辙被贬到筠州,心情不大好,喝酒过度引发了胃病,这可急坏了苏轼。苏轼连忙写信给苏辙,劝其调整心态,小时候肺部就经常犯病,不能老生气喝闷酒,那样会严重影响健康,现在这个年龄,要学会保养身体。还举例说,几十年过去了,老朋友还有几个活着的。并附上一个治疗哮喘的药方,还严厉强调少饮酒。

有一次,苏轼在无意之间听到朋友讲,苏辙在筠州与长官不和,恐要被革职。苏轼一听急了,马上写信给苏辙,先是劝苏辙不要太委屈自己,不要与小人一般见识,争论解决不了问题,如果不行,大不了回黄州,兄弟两人一块在东坡耕地。

元丰七年(公元1084年)端午节前,苏轼接到通知,将结束黄州的生活移官到汝州,他第一时间向苏辙报告了这个消息。苏轼从黄州出发经九江登庐山赴筠州探望弟弟苏辙,留住十日之久,借机劝导弟弟。其间作诗几首,咏叹人生苦短,理当珍惜,不图虚名,只愿安康。离开后不到两日,又急忙给苏辙写信,告诉苏辙说,以前父亲最爱洛阳,我这次要到嵩山去,要在汝水伊川之间买田置宅,今后我们兄弟两人隐居于此。还描绘了一幅田园风光,让兄弟好好想想:清澈的水池映照着茅草轩,轩里坐着两个清瘦如鹄的老翁,谈诗论文喝酒品茶,多么逍遥快乐呀!最后忍不住自我调侃几句,归隐都非难事,重要的是诗书传家要有好儿子,不无风趣地自嘲道:子侄们,想当年,你们的爷爷如你们这般大,文如泉涌呀,下笔就是三千字。

苏轼唯一有一封信是教育弟弟的。他说,最近我很衰懒,与宾客过从渐少。你也向我叮嘱,如闻过错必相告。有人议论荐举刘太守一事,你大节过人,而小事有时不经意,如作诗一样,高处可以追配古人,失误之处有时却受眼拙的人讥笑,不可不留意也。苏辙仔细一读,这哪里是批评自己,分明是批评他自己。不过哥哥的话,就是错也得听,因为,哥哥自幼就喜欢和自己开玩笑。随后不久,苏轼又给苏辙写了一封信,告诉一个自己研究的美食秘诀:骨头缝里的一丝肉,煮熟后用酒浸泡,然后放点盐烧烤微焦,味道如何?据说跟蟹螯一样鲜美。自己几天吃一次,觉得很滋补身体的。

苏辙终于有机会反击哥哥苏轼了。绍圣四年(公元1097年),兄弟两人都是五十好几的人了,双双被朝廷贬到海南雷州半岛。苏轼的朋友遍天下,雷州太守张逢对他们礼遇有加,天天聚在一起喝酒聊天,苏轼的痔疮因喝酒过度而发作,难以启齿,连夜呻吟,影响苏辙彻夜不眠,苏辙就给苏轼读陶渊明的诗,缓解神经紧张分散注意力,减轻疼痛,苏辙在劝说中夹杂着批评,这次苏轼终于接受了,后来真的戒酒了。

从哲宗绍圣元年(公元1094年)开始,新党执政,大力打压元祐党人,苏轼兄弟两人被贬海南蛮荒之地,这年,苏轼六十岁,苏辙五十七岁,一个被贬儋州,一个被贬雷州。苏轼字子瞻,"儋"与"瞻"古时同音,苏辙字子由,"雷"字下边近似"由",此例可见统治者之昏庸任性。在雷州分手时,苏轼考虑到各方面的原因,只带了侍妾朝云和幼子苏过前往,其余家小全部托付给苏辙。苏辙自己尽管人口众多,经济困难,但还是义不容辞地为兄长分忧解难。苏轼作诗云:"劝我师渊明,力薄且为己。微厢坐杯酌,止酒则瘳矣。"苏辙要哥哥答应他,一不再写诗,二不再喝酒(因为苏轼经常以诗获罪,不让他喝酒是因为苏轼当时身体不好)。苏轼为了不让弟弟担心,就答应了,结果在一次打盹的时候在梦中做了首诗,苏轼醒来心痒难耐,就把这首诗记录下来了,又一想,反正答应弟弟不写诗也没做到,干脆再喝杯酒吧。谁知,雷州一别,竟成永诀。建中靖国元年(公元1101年),苏轼遇大赦度岭北归,当年七月卒于常州,享年66岁。临终前,安排了自己最亲爱的弟弟苏辙为自己撰写墓志铭,寄托了最后的信任。噩耗传来,苏辙失声痛哭:"惟我与兄,出处昔同,幼学无师,先君是从。游戏图书,痼瘵其中,曰予二人,要以是终。"次年六月,苏辙按照兄长遗言,将其葬于汝州郏城县小峨眉山之下,作《亡兄子瞻端明墓志铭》。随后,苏辙卖掉自己部分田产,将三个侄子接到身边共同生活。失去了亲爱的哥哥,苏辙恍如暗无天日,感伤和忧愁熬煎,度日如年,干脆闭门不出,几乎断绝了一切人际往来,十年后,苏辙在寂寞中离世,"不忍其兄独葬于此,遂从葬其右",葬其兄旁,终于,实现了两兄弟"安知风雨夜,复此对床眠"的约定,彼此再也不会分开。举世无双的一代英豪,唇齿相依的棠棣之花,永远聚在了一起。昔日翩翩年少出西蜀,今日斯人去也。异时退隐相从之约,竟成了无法兑现承诺的梦。作古虽然已近千载,而兄弟真情却永远彪炳历史感动着后代。

苏轼兄弟终身的梦想是一起辞去官职,远离朝廷,归隐田园,弹琴论诗,听风观雨,歌酒相从,夜雨对床。他们相约归于林下为闲居之乐,过上"六子晨耕筜瓢出,众妇夜绩灯火共"的平民生活。可人在江湖,身不由己,时光在他们宦海沉浮中悄然逝去。

苏轼在《论修养帖寄子由》中,把自己对弟弟的感情当成一种乐趣来享受:"以我观之,凡心尽处,胜解卓然。但此胜解不属有无,不通言语,故祖师教人到此便住。""故凡学者,观妄除爱,自粗及细,念念不忘,会作一日,得无所住。"大学士张廷玉解释这段话为,苏轼对家庭兄弟们友好亲爱,以及最诚挚的感情,流露在笔墨文字、言辞说话之间。然而,没有极为诚恳、朴实淳厚的心意,不能融合天道自然法则,就不能懂得这种欢乐,也不能做出这样的言辞表达了。苏轼兄弟之间,情真意切,颇为难得,堪称典范。可以看到,苏轼经历了那么多艰难困苦,仍然豁达乐观,一方面得益于家庭亲情的温暖关爱,另一方面也是修身养性的历练结果,是天理人情的高度统一。

据史料《宋史》评价苏轼苏辙二人的兄弟关系:"患难之中,友爱弥笃,无少怨尤,近古罕见。"《宋史·苏辙传》记载:"辙与兄进退出处,无不相同,患难之中,友爱弥笃,无少怨尤,近古罕见。"苏轼苏辙两兄弟之间的手足感情具有旷世无双的深厚,无与伦比。

①见《三苏全集》苏辙《亡兄子瞻端明墓志铭》。
②见《三苏全集》苏辙《兄除翰林承旨,乞外任札子四首》其一。

第十讲 千古风流 万卷华章

苏轼一生留下了200多万字的著述,其中包括诗歌2700多首,词300多首,以及一大批风格独具的散文、书画作品等,获得了一代文豪的桂冠,并在诗、词、散文、书、画等方面成为宋代文学最高成就的代表,被史学界誉为"千古第一文人"。

苏轼的诗,内容广阔,风格多样,以豪放为主,笔力纵横,穷极变幻,具有浪漫主义色彩,创新的哲理诗,为宋诗发展开辟了新的道路。叶燮《原诗》说:"苏轼之诗,其境界皆开辟古今之所未有,天地万物,嬉笑怒骂,无不鼓舞于笔端。"赵翼《瓯北诗话》说:"以文为诗,自昌黎始,至东坡益大放厥词,别开生面,成一代之大观。……尤其不可及者,天生健笔一枝,爽如哀梨,快为并剪,有必达之隐,无难显之情,此所以继李、杜后为一大家也,而其不如李、杜处亦在此。"其诗题材广阔,清新豪健,善用夸张比喻,独具风格,与黄庭坚并称"苏黄"。

苏轼对社会的看法和对人生的思考都毫无掩饰地表现在其文学作品中,其中又以诗歌最为淋漓酣畅。在二千七百多首苏诗中,干预社会现实和思考人生的题材十分突出。苏轼对社会现实中种种不合理的现象抱着"一肚皮不合时宜"①的态度,始终把批判现实作为诗歌的重要主题。更可贵的是,苏轼对社会的批判并未局限于新政,也未局限于眼前,他对封建社会中由来已久的弊政、陋习进行抨击,体现出更深沉的批判意识。

苏轼学博才高,对诗歌艺术技巧的掌握达到了得心应手的纯熟境界,并以翻新出奇的精神对待艺术规范,纵意所如,触手成春。而且苏诗的表现能力是惊人的,在苏轼笔下几乎没有不能入诗的题材。以"元祐"诗坛为代表的北宋后期是宋诗的鼎盛时期,王安石、苏轼、黄庭坚、陈师道等人的创作将宋诗艺术推向了高峰。就风格个性的突出、鲜明而言,王、黄、陈三家也许比苏轼诗更引人注目。然而论创作成就,则苏轼无疑是北宋诗坛上第一大家。在题材的广泛、形式的多样和情思内蕴的深厚这几个维度上,苏诗都是出类拔萃的。更重要的是,苏轼具有较强的艺术兼容性,他在理论上和创作中都不把某一种风格推到定于一尊的地位。这样,苏轼虽然在创造宋诗全新面貌的过程中做出了巨大的贡献,但他基本上避免了宋诗尖新生硬和枯燥乏味这两个主要缺点。苏轼的诗歌《题西林壁》被大家公认,开了宋代哲理诗的先河,所以苏轼在总体成就上实现了对同时代诗人的超越,成为最受后代广大读者欢迎的宋代诗人。

苏轼的词,冲破了专写男女恋情和离愁别绪的狭窄题材,具有广阔的社会内容。苏轼在我国词史上占有特殊的地位,他将北宋诗文革新运动的精神,扩大到词的领域,扫除了晚唐五代以来的传统词风,开创了与婉约派②并立的豪放派③,扩大了词的题材,丰富了词的意境,冲破了诗庄词媚的界限,对词的革新和发展做出了重大贡献。刘辰翁《辛稼轩词序》说:"词至东坡,倾荡磊落,如诗,如文,如天地奇观。"其词开豪放一派,与辛弃疾同是豪放派代表,并称"苏辛";苏轼在词的创作上取得了非凡的成就,就一种文体自身的发展而言,苏词的历史性贡献又超过了苏文和苏诗。苏轼继柳永之后,对词体进行了全面的改革,最终突破了词为"艳科"的传统格局,提高了词的文学地位,使词从音乐的附属品转变为一种独立的抒情诗体,从根本上改变了词史的发展方向。苏轼对词的变革,基于他诗词一体的词学观念和"自成一家"的创作主张。

自晚唐五代以来,词一直被视为"小道"。虽然柳永一生专力写词,推进了词体的发展,但他未能提高词的文学地位。这个任务有待于苏轼来完成。苏轼首先在理论上破除了诗尊词卑的观念。他认为诗词同源,本属一体,词"为诗之苗裔",诗与词虽有外在形式上的差别,但它们的艺术本质和表现功能应是一致的。因此他常常将诗与词相提并论,由于他从文体观念上将词提高到与诗同等的地位,这就为词向诗风靠拢、实现词与诗的相互沟通渗透提供了理论依据。

为了使词的美学品位真正能与诗并驾齐驱,苏轼还提出了词须"自是一家"的创作主张。此处的"自是一家"之说,是针对不同于柳永词的"风味"而提出的,其内涵包括:追求壮美的风格和阔大的意境,词品应与人品相一致,作词应像写诗一样,抒发自我的真实性情和独特的人生感受。因为只有这样才能"其文如其为人"(《答张文潜县丞书》),在词的创作上自成一家。苏轼一向以文章气节并重,在文学上则反对步人后尘,因而他不满意秦观"学柳七作词"而缺乏"气格"。

扩大词的表现功能,开拓词境,是苏轼改革词体的主要方向。他将传统的表现女性化的柔情之词扩展为表现男性化的豪情之词,将传统上只表现爱情之词扩展为表现性情之词,使词像诗一样可以充分表现作者的性情怀抱和人格个性。苏轼让充满进取精神、胸怀远大理想、富有激情和生命力的仁人志士昂首走入词世界,改变了词作原有的柔软情调,开启了南宋辛派词人[④]的先河。

与苏诗一样,苏词中也常常表现对人生的思考。这种对人生命运的理性思考,增强了词境的哲理意蕴。苏轼虽然深切地感到人生如梦,但并未因此而否定人生,而是力求自我超脱,始终保持着顽强乐观的信念和超然自适的人生态度。

苏词比较完整地表现出作者由积极转而矛盾苦闷,力求超脱自适而不断追求的心路历程和他疏狂浪漫、多情善思的个性气质。继柳永、欧阳修之后,苏轼进一步使词作中的抒情人物形象与创作主体由分离走向同一。

苏词既向内心的世界开拓,也朝外在的世界拓展。晚唐五代文人词所表现的生活场景很狭小,主要局限于封闭性的画楼绣户、亭台院落之中。入宋以后,柳永开始将词境延续到都邑市井和千里关河、苇村山驿等自然空间,张先则向日常官场生活环境靠近。苏轼不仅在词中大力描绘了作者日常交际、闲居读书及躬耕、射猎、游览等生活场景,而且进一步展现了大自然的壮丽景色。

苏轼用自己的创作实践表明:词是无事不可写,无意不可入的。词与诗一样,具有充分表现社会生活和现实人生的功能。由于苏轼扩大了词的表现功能,丰富了词的情感内涵,拓展了词的时空场景，从而提高了词的艺术品位，把词堂堂正正地引入文学殿堂，使词从"小道"上升为一种与诗具有同等地位的抒情文体。

"以诗为词"的手法则是苏轼变革词风的主要武器。所谓"以诗为词"，是将诗的表现手法移植到词中。苏词中较成功的表现有用题序和用典故两个方面。有了词题和词序，既便于交代词的写作时地和创作缘起，也可以丰富和深化词的审美内涵。在词中大量使事用典，也始于苏轼。词中使事用典，既是一种替代性、浓缩性的叙事方式，也是一种曲折深婉的抒情方式。苏词大量运用题序和典故，丰富和发展了词的表现手法，对后来词的发展产生了重大影响。

从本质上说，苏轼"以诗为词"是要突破音乐对词体的制约和束缚，把词从音乐的附属品变为一种独立的抒情诗体。苏轼写词，主要是供人阅读，而不求人演唱，故注重抒情言志的自由，虽也遵守词的音律规范但不为音律所拘。正因如此，苏轼作词时挥洒如意，即使偶尔不协音律规范也在所不顾。也正是如此，苏词像苏诗一样，表现出丰沛的激情、丰富的想象力和变化自如、多姿多彩的语言风格。虽然苏轼现存的362首词中，大多数词的风格仍与传统的婉约柔美之风比较接近，但已有相当数量的作品体现出奔放豪迈、倾荡磊落如天风海雨般的新风格，如名作《水调歌头·明月几时有》。

在两宋词风转变过程中，苏轼是关键人物。王灼《碧鸡漫志》卷二说："东坡先生非心醉于音律者，偶尔作歌，指出向上一路，新天下耳目，弄笔者始知自振。"强化词的文学性，弱化词对音乐的依附性，是苏轼为后代词人所指出的"向上一路"。后来的南渡词人和辛派词人就是沿着此路而进一步开拓发展的。

苏轼的文学思想是文、道并重。他推崇韩愈和欧阳修对古文的贡献，都是兼从文、道两方面着眼的。苏轼的文道观在北宋具有很大的独特性。首先，苏轼认为文章的艺术具有独立的价值，如精金美玉，文章并不仅仅是载道的工具，其自身的表现功能便是人类精神活动的一种高级形态。其次，苏轼心目中的"道"不限于儒家之道，而是泛指事物的规律。所以苏轼主张文章应像客观世界一样，文理自然，姿态横生。他提倡艺术风格的多样化和生动性，反对千篇一律的统一文风，认为那样会造成文坛"弥望皆黄茅白苇"般的荒芜。正是在这种独特的文学思想指导下，苏轼的散文呈现出多姿多彩的艺术风貌。他广泛地从前代的作品中汲取艺术营养，其中最重要的渊源是孟子和战国纵横家的雄放气势、庄子的丰富联想和自然恣肆的行文风格。苏轼确实具有极高的表现力，在他笔下几乎没有不能表现的客观事物或内心情思。苏文的风格则随着表现对象的不同而变化自如，像行云流水一样的自然、畅达。韩愈的古文依靠雄辩和布局、蓄势等手段来取得气势的雄放，而苏文却依靠挥洒如意、思绪泉涌的方式达到了同样的目的。苏文气势雄放，语言却平易自然，这正是宋文异于唐文的特征之一。其散文著述宏富，豪放自如，与欧阳修并称"欧苏"，为"唐宋八大家"之一，唐宋八大家，又称唐宋古文八大家，是中国唐代韩愈、柳宗元和宋代苏洵、苏轼、苏辙、王安石、曾巩、欧阳修八位散文家的合称。其中韩愈、柳宗元是唐代古文运动的领袖，欧阳修、三苏等四人是宋代古文运动的核心人物，王安石、曾巩是临川文学的代表人物。宋文中，苏氏三家占据半壁江山。

苏轼的书法重在写"意境"，而不拘于法度。正如所言："我书意造本无法，点画信手烦推求。""苏门四学士"之一黄庭坚谓"其书姿媚……至酒酣放浪,意忘工拙,字特瘦劲……至于笔圆而韵胜,挟以文章妙天下,忠义贯日月之气,本朝善书,自当推为第一"。气韵,可以说是他的书法的最大特点。明董其昌更盛赞他"全用正锋,是坡公之兰亭也"。故世称苏轼的书法之美乃"妙在藏锋""淳古遒劲""体度庄安,气象雍裕""藏巧于拙",是"气势攲倾而神气横溢"的大家风度,而他的书论寓意之说则更加精辟,既为当世直视,又为后世楷模。苏轼的书法精品《寒食帖》,是人生最低谷时在黄州所作,已经不在意所谓的美,一气呵成自然流出,体现了人生最高境界,诠释了尚意的最高典范。苏轼的书法与黄庭坚、米芾、蔡襄被称为最能代表宋代书法成就的书法家,被称为"宋四家"。

苏轼工于画,尤擅墨竹、怪石、枯木等,他的画开创了湖州画派⑤。该画派犹善"格物",即用哲学的思想,认真仔细地观察事物,找出构成事物的理由,这种理念被历代画家奉为经典。

苏洵被列入"唐宋八大家"之一,擅长于散文,尤其注重政论,曾巩说苏洵"颇喜言兵"。苏洵的《权书》10篇、《几策》中的《审敌》篇、《衡论》中的《御将》和《兵制》篇,还有《上韩枢密书》、《制敌》和《上皇帝书》,都论述了军事问题。在著名的《六国论》中,他认为六国破灭,弊在赂秦。实际上是借古讽今,指责宋王朝的屈辱政策。《审敌》更进一步揭露这种赂敌政策的实质是残民。《兵制》提出了改革兵制、恢复武举、信用才将等主张。《权书》系统地研究战略战术问题。在《项籍》中,他指出项籍不能乘胜直捣咸阳的战略错误。他还强调避实击虚、以强攻弱、善用奇兵和疑兵、打速决战、突击取胜等战略战术原则。苏洵文章观点清晰,事理兼叙,议论明畅,笔势雄健,著有《嘉祐集》二十卷,及《谥法》三卷,均与《宋史本传》并传于世。

苏辙被列入"唐宋八大家"之一,以散文著称,擅长政论和史论,苏轼在《书子由超然台赋后》提到:"子由之文,词理精确,有不及吾;而体气高妙,吾所不及。"他在散文上的成就,如苏轼所说,达到了"汪洋澹泊,有一唱三叹之声,而其秀杰之气终不可没"。

苏辙的诗力图追步苏轼,风格淳朴无华,文采稍逊。

苏辙亦善书,其书法潇洒自如,工整有序。著有《栾城集》《诗集传》《春秋集解》《论语拾遗》《道德经解》等行于世。

中华文化博大精深,唐宋两代奇峰突起,宋文化源于洙泗⑥,多流活水兼容,蜀学在宋学发展中是独具特色的一个学派。蜀学创于苏洵,发于其子苏轼、苏辙兄弟。蜀学除"三苏"外,其代表人物还有黄庭坚、晁补之、秦观、张耒、王巩等。欧阳修说:"眉山在西南数千里外,一日父子隐然名动京师,而苏氏文章遂擅天下。"唐宋八大家,宋代占六家,而苏氏父子竟占一半。苏轼可说是宋文之集大成者。蜀学派的其他代表人物,亦多向文学方向发展。然而,蜀学派中人却认为他们学术中最重要的并不是文学艺术。例如,秦观写道:苏氏之道最深于性命自得之际,其次则器足以任重,识足以致远,至于议论文章,乃其与世周旋,至粗者也。阁下论苏氏而其说止于文章,意欲尊苏氏,适卑之耳!秦观意在阐明苏氏在学术、政治方面的贡献,似亦为蜀学争"道统"(学术地位)。这在宋代各学派学者中是普遍现象。从三苏在学术思想的造诣而言,亦确有其成就,应占有一席之地。

苏洵年二十七始发愤为学,勤奋攻读,遂通《六经》、百家之说,所撰《易论》《礼论》《乐论》

《诗论》《书论》《春秋论》，立论新颖，颇有见地。全祖望评价说："老泉文初出，见者以为《荀子》。"晚年研究《易经》，作《易传》未成，由苏轼继成之。苏轼著作众多，所作《易传》（即《毗陵易传》），使"千载之微言，焕然可知"。复作《论语说》，阐发孔氏之秘。最后居海南，作《书传》，推明上古之绝学，多先儒所未达。既成三书，抚之叹曰：'今世要未能信，后有君子，当知我矣。'"由此可知苏轼本人对这三书之重视和自信。上述秦观所称"苏氏之道最深于性命自得之际"，典出于苏氏《易传》，即指苏轼兄弟能把"性"与"君之令""天之令"统一起来。苏轼在《易传》卷一《乾卦》中说："君子日修其善，以消其不善，不善者日消，有不可得而消者焉。小人日修其不善，以消其善，善者日消，亦有不可得而消者焉。"其间，"有不可得而消者"，便是先天不平等的性，也就是"天命"。故曰：性至于是谓之命。"命，令也，君之令曰命，天之令曰命。性之至者，非命也，无以名之，而寄之命耳。"苏辙的《老子解》亦持此观点。

苏辙论著亦很多，《老子解》二卷，最能代表蜀学的学术思想特点。苏辙在《老子解》"附题"（一作"自序"，文字稍异）中记叙他与禅僧道全论"道"的经过，苏辙告之曰："子所谈者，予于儒书已得之矣。"全曰："此佛法也，儒者何自得之？"……苏辙曰："孔子之孙子思，子思之书曰《中庸》。《中庸》之言曰：'喜怒哀乐之未发谓之中，发而中节谓之和'……盖中者佛性之异名，而和者六度万行之总目也。致中极和而天地万物生于其间，此非佛法，何以当之？"全惊喜曰："吾初不知也，今而后始知儒、佛一法也。"苏辙笑曰："不然，天下固无二道。"……是时，苏辙方解《老子》，每出一章，辄以示全，全辄叹曰："皆佛说也！"

苏辙在另一篇论文中说：东汉以来，佛法始入中国，其道与《老子》相出入，皆《易》所谓形而上者。而汉世士大夫不能明也，魏晋以后，略知之矣。好之笃者，则欲施之以世；疾之深者，则欲绝之于世。二者皆非也。老、佛之道与吾道同而欲绝之，老、佛之教与吾道异而欲行之，皆失之矣。这是说，只有透析佛、儒之不同，方能从学术上有所舍取；看到佛、儒相同处，援佛入儒才有方向。上述苏辙《老子解》就是以老子之学为中介，汇通儒、佛之说，以佛解老而又通于儒，统合三家，阐发富有新意的儒学。所以，苏轼为《老子解》作跋说："使战国有此书，无商鞅、韩非；使汉初有此书，则孔老为一；使晋、宋间有此书，则佛老不为二。"这正是蜀学"三教合一"之特色的闪光处。朱熹批评说："苏侍郎晚为是书，合吾儒于《老子》，以为未足，又并释氏而弥缝之，可谓舛矣。然其自许甚高，至谓当世无一人可与语此者，而其兄东坡以为'不意晚年见此奇特'。以予观之，其可谓无忌惮者与！"

苏氏蜀学，说他们是纵横家者流，实与战国策士根本不同；说他们是道士，却又是热心政治、忠诚激发的名臣，非"隐者"；说他们是"禅者"，却又是庙堂中的"老庄"。实在不可以一格绳之，而自成一体。此为宋学中异样的鲜花，在中国学术思想史上可谓异军突起，闪耀出宋学蜀学派中的异彩。

三苏文化在北宋就已经盖世卓越了，史载，宋神宗虽然不认同苏轼的治国主张，但却非常欣赏苏轼的才华。苏轼被流放黄州期间，一日，宋神宗在读李白的诗，大为赞赏之余，他别有深意地问左右侍臣说："我朝之中，有谁可与李白相比？"侍臣回答："苏轼可与李白相比拟。"李白不仅是宋神宗最欣赏的诗人，更是苏轼的心中偶像，侍臣如此回答，已经是对苏轼的莫大赞誉了。但宋神宗却摇摇头,正色道:"你说得不完全对。朕以为,李白虽有苏轼的才气,却无苏轼的学问。"言毕,脸上荡漾着骄傲的神色。

苏轼的文学艺术才华在当时的中原以外地区也有很大的影响。苏轼的好朋友张舜民奉旨出使辽国,在辽国的馆驿中,看到墙壁上刻有苏轼的诗作《老人行》。来到书店里,也看到有苏轼的诗集在售卖。张舜民非常感慨,没想到在遥远的辽国也能看到苏轼的诗句!弟弟苏辙奉旨出使辽国,辽国大臣们也纷纷打听苏轼的情况。苏辙很有感触,写诗给苏轼说:"谁将家集过幽都,逢见胡人问大苏。"

自唐代以后,中日间来往频繁。苏轼虽官运不顺,屡遭贬谪,但其文坛地位却不曾改变。苏轼的名声是被书商贩卖到日本的,并迅速为日本文化阶层接受。他是继白居易、元稹之后,最受贵族、僧俗喜爱和模仿的对象。

苏轼的作品究竟是何时、经何种途径传入朝鲜半岛的,至今仍无定论。据苏轼《论高丽①进奉状》载,"熙宁(公元1068—1077年)以来,高丽人屡入朝贡",及宋人苏颂赞誉苏轼"文章传过带方州"的自注:"前年(公元1077年)高丽使者过余杭,求市子瞻集以归",可知最迟在宋熙宁年间,苏轼的作品便已传入朝鲜半岛。但在此之前,由其他渠道传入高丽的可能性也很大。因为高丽文宗时期(公元1046—1083年),不少宋人人仕高丽。

有据可查的是,1931年,英国希里尔·克拉克曾翻译苏轼的16篇名作及前后《赤壁赋》,收在他的《苏东坡文集》中,还将苏轼所有的赋译成英文并加注解。英国肯纳斯·雷克若斯的英译本《中国诗百首》中,苏轼的诗占了1/4。在苏联时期,早就成立了苏轼研究会一类组织。

最早介绍苏轼思想的传记是贺巧治的《苏轼传》,收入《宋代名人传记辞典》,1976年由弗朗茨·斯泰纳出版股份有限公司出版。1974年,威斯康星大学的金斯柏格·斯坦利·摩文的《中国诗人之疏离感与和谐性:苏轼的黄州贬放》,是西方学者使用"知人论世"的方法来研究一位作家的生平和文学成就的少数论文之一。他还翻译了《乌台诗案》,并加以讨论。1976年,英国乔·海奇在西德卫德卫斯巴登出版的《宋人传记》,是用西方文字写成的苏轼传记中最可靠、最丰富的一本。他以为,黄州时期苏轼的性格发展和文学成就达到了顶峰。

在海外,不仅有关于苏轼文化的书籍,还可以在英国牛津数字化目录 OXFORD Digital Bibliographies 上找到"SuShi"书目。

2000年,法国《世界报》②面向全球评选出12位1001年—2000年间的"千年英雄",苏轼名列其中,是唯一人选的中国人。时任法国《世界报》副主编的让·皮埃尔·朗日里耶作为主要推荐者之一,将苏轼的故事在《世界报》专栏连载。2000年7月,在这些文章发表后不久,让·皮埃尔接到了时任法国总统雅克·希拉克的一个电话。"雅克·希拉克也是一名远东文化专家,当时我正在度假,他在电话里说,希望与我谈谈这位他所了解的诗人的作品与生活。"让·皮埃尔回忆说,"在我们长时间的通话中,我被他所讲的苏轼的写诗技巧、诗句的长度、形式和韵律深深打动。我惊讶地发现,在千年之后,我们法国的国家元首对苏轼如此了解。"

让·皮埃尔介绍,半个世纪以来,苏轼的命运和作品激起了很多西方专家和读者的兴趣,很多专家将苏轼视为中国思想史上最为重要的人物之一。对于法国汉学家成安妮（Anne Cheng）来说，苏轼体现的人道精神是极具批判主义并富有渊博学识的，苏轼"不只是苛刻的评论家，更是对万物充满好奇的智者"。"在法国，很少有作家愿意选择小说体裁来记录大众不太了解的、生活在一千年前的、地理位置遥远并且文化大相径庭的一位人物，然而很多作家却为苏轼开展了这些工作。"让·皮埃尔说，"其中有法国著名作家克劳德·罗伊的《千年之前的朋友》、汉学家帕特里克·卡雷的《永垂不朽》等。"

新加坡南洋理工大学开设了苏轼诗词课，该校教授、中国苏轼研究学会会员衣若芬曾请学生们票选推介给现代读者，不可不知、不可不读的两首苏轼诗或者词，得票最高的是《念奴娇·赤壁怀古》和《蝶恋花》。

作家威廉翻译了《中国诗歌》，苏诗也在其中。1965年，美国哥伦比亚大学教授伯顿·沃森出版了英译《苏诗选本》，他从日本学者小川环树的日译本《苏东坡诗选》中选了一些诗，加上他自己选的，总共80多首，结集出版。

1983年，美国麦克·福勒在耶鲁大学完成博士论文《东坡诗》，探讨了东坡文学创作的发展过程和成就。戴维斯《苏轼的和陶诗是文学的还是心理的标志》一文，从苏诗和陶诗中选了一些有代表性的作品加以比较。美国萨进德教授将孔凡礼点校的《苏轼诗集》文字输入电脑，编制了全方位的东坡诗索引。在苏轼词研究方面，1980年，孙康宜出版《中国的词的演进：从晚唐到北宋》，讨论了苏轼词在宋词的发展史上的地位；刘若愚发表的《Major Lyricists of the Northern Sung, 960－1126 A.D.》，也对苏轼词作了分析探讨；余丽仪的博士论文《柳永、苏轼及早期词的发展的面面观》，从历史发展及词的数量比较上看两位作者的作品。1954年在上海出版的《东坡赋》一书，书前有钱钟书先生作的序。

美国著名的中国历史研究学者、哈佛大学教师包弼德（Peter K. Bol）认为："在南宋仍然具有影响力的北宋大思想家，有王安石、二程①和苏轼等人。现在很多做思想史的人，不太注意到苏轼，认为他只是一个文学家，但是，苏轼在思想上的影响非常大。苏家（苏辙）的后代在南宋初年就迁移到了婺州居住。现在我们至少知道婺州有七个为科举教育而设的私人印书处，在婺州，人们对苏轼文章的兴趣很浓，也大量翻刻苏轼的著作。现在传世《精骑集》虽然只有三卷，但其中引用苏轼阐释《易经》思想的著作《东坡易传》的内容，可以说是最具有哲学性的一部分。在当时的婺州，苏轼的文章不仅为科举所用，而且也会影响人们的思想。"

包弼德在他的讲座中说：很多人不太注意到苏轼，认为他只是一个文学家，其实，他在思想上的影响远远大于文学上的影响。包弼德著的《斯文——唐宋士大夫哲学思想的演变》，力求确定苏轼对中国思想史的贡献，尤其是他在文化、政治和道德、伦理上的影响。包弼德翻译并分析了苏轼的散文，尤其是早期的"论""策"，以确定苏轼的哲学观。

美国苏学学者管佩达著有《再见庐山——佛教思想对苏轼生活及作品的影响》，采用编年的形式，从苏轼的幼年一直写到北归亡于途中，可以说是从一个特殊的角度对苏轼进行了全面的介绍。

美国汉学者艾朗诺所著的《苏轼生活的言语、意象、行迹》（哈佛大学出版社，1994年）说：

苏轼经常努力(在诗中)表现世界较为客观的立场和观点,一种超越了主观性的立场,但他同时又保持着一位生动鲜明、富有人情味、令人难忘的抒情诗人的形象,苏诗既承认诗人与世界的情感联系,同时,又质疑自我的地位。苏轼的哲理诗通常表现个人在世界的位置,个人经验的主观性,世态人生的多样性,价值观的多元化,反对极端个人中心主义。认为苏诗生平的意义与重要性在不断地发生变化。为了证明苏轼是一个多才多艺的人,他还翻译和分析了苏轼的许多作品。

日本汉学家吉川幸次郎在他的《宋诗概说》中写道:"宋诗的第一伟人苏轼,字子瞻,号东坡居士。苏轼是一个天性自由的人,他能自由地发挥他那博大才能的各个方面。苏轼既是书法名家,又是文人画的创始者之一。他巧于谈论,喜欢谐谑。爱所有的人,又为所有的人所爱。他天性豪放,但感觉细腻,喜欢节制。他的诗,随心所欲地表现自己广博而丰富的才能,不自我限制,在宋诗中,是规模最大的。"

日本全国经济学会2019年年会暨"中日康养产业发展与合作"学术研讨会于6月14日在中国四川眉山举行。日本前首相鸠山由纪夫在开幕式上致辞:"在日本,很多人都知道苏东坡,他把历史用诗词的形式表现出来,让人很亲切","不仅我本人知道苏东坡,即使放在全日本,苏东坡也是有一定知名度的"。

苏东坡在日本的影响非常大,旅日作家萨苏有一篇文章,讲日本人对苏轼非常崇拜,在苏轼遭贬时,想把苏轼接到日本,当时的宋皇帝虽然昏庸,但也不愿把"国宝"送给他国,日本就派了两个仆人来精心服侍苏轼。

看到这个典故,让我这个"苏粉"大喜过望。我从高中时就喜欢搜集苏轼的雅事,之后也看了他的传记,读了他不少文章、背诵了他不少诗词,但日本人崇拜苏轼的故事,我还是第一次听说。但萨苏谈到的故事只有寥寥数语,远远满足不了我的欲望。我从网上搜集到了刊载在《大公报》上的黄杰华先生的一篇文章,先做摘记吧。

苏轼对日本的影响,不单对宋代及以后的文学影响深远,其声名及作品,很早就已传至东瀛,成为日本人最崇敬的中国文人之一。十三世纪时,苏轼的作品已传到日本,据日本东福寺大道以一所编的《普门经论章疏语录儒书目录》(1353年)里,就有《注东坡词》二册及《东坡长短句》。后来,日本的禅僧也学习他的文,如高僧虎关师练及义堂周信的札记里曾说自己学习苏轼的作品,这是由于苏轼的作品带有禅味,故很受僧人欢迎。

在日本的室町时代(公元1336年—1573年),僧人写下了不少以苏轼为题的诗文,如《东坡先生画像》《赞东坡》等,当时还有很多人以苏轼为作画的题材,作品较多者如《东坡笠屐图》和《东坡肖像画》,有的更在屏风上绘《赤壁赋》,这种欣赏苏轼的表现在当时非常盛行。

"赤壁会"是日本文人的一种社团样式,源自对苏轼的崇拜。日本人很欣赏苏轼的《赤壁赋》,历代文人的诗文酬唱不胜枚举,特别是十八世纪,辛岛盐井、赖杏坪、万波俊忠等人,皆作诗颂扬《赤壁赋》。藤尾二州的《题东坡赤壁图》云:万顷茫然一苇浮,清风明月满江流。扣舷不是寻常调,桂棹兰桨千古秋。另一位作者古贺精里的《题赤壁图》云:大江横白露,明月斗牛傍。

知彼盈虚者,歌兹窈窕章。洞箫托遗响,桂棹泝流光。素练飞仙迹,山川望武昌。上引诗中,作者只对《赤壁赋》略动手术,意境虽不及原作,但相和酬唱,犹见中国古风。除文学作品外,不少画家仿照《赤壁赋》的意境入画,如富冈铁斋的《赤壁前游图》及《赤壁四面图》。还有一些文人以日本的某个山为中心环绕,仿效东坡游赤壁的感觉,如柴野栗山就曾举行"赤壁游",又在"壬戌十日之望"设酒会客,模仿赤壁游。近代研究中国美术的学者长尾甲,他确是一个苏轼迷,曾于一九二二年九月七日(壬戌既望日)在宇治举行赤壁会,除了设宴招待几百位来宾外,还与众宾客在平等院、东禅精舍游赏,藉此怀念苏轼。他的举动被他的儿子长尾正和说成是"东坡癖",也就是文人对苏轼的迷恋,并搜集关于苏轼的古董文物、字画真迹,长尾甲的好友富冈铁斋也雅好此道。

"寿苏会"是日本人敬仰苏轼而举办的一种聚会形式,始兴于二十世纪初,先后为苏轼举行了五次"寿苏会",也就是特别为苏轼贺寿举行庆祝大典,每次均在农历十二月十九苏轼诞生日举办。五次分别是在大正五年(公元 1916 年)、大正六年(公元 1917 年)、大正七年(公元 1918 年)、大正九年(公元 1920 年)及昭和十二年(公元 1937 年)举行,参与者多是有名的学者,如第一次"寿苏会"就有罗振玉、罗福苌、王国维、狩野直喜及内藤湖南等。聚会期间,出席者会发表各自带来的诗文,也会即兴和诗欢愉一番,如《寿苏集》中久保雅友的诗:莲烛宠荣花倚风,闲诗兴狱困其穷。却从海外有知己,千古风流寿长公。诗意浅白。未能与会者也可投诗赠兴,如寿苏会主催者长尾甲的好友,国画大师吴昌硕,就赋诗将长尾比作东方的明星,嘉许他举办寿苏会:尾星明历历,刮目海之东。发欲晞皋羽,眉谁介长公。深杯酬故国,同寿坐天风。持逸殷勤意,超过夕阳中。

前四次聚会时学者们撰写的文章,即兴吟诵的诗词,皆由长尾甲编成《寿苏录》,分别是《乙卯寿苏录》(公元 1916 年)、《丙辰寿苏录》(公元 1917 年)、《丁巳寿苏录》(公元 1918 年)、《己未寿苏录》(公元 1920 年),编成的集子不公开发售,只派送给与会者和相关学者。《寿苏录》共分两卷,卷一为与会者的诗文集,卷二详列该次聚会的展品,如乙卯一次,罗振玉就展出了《苏文忠行书真迹诗卷》《北宋拓本醉翁亭记》《沈子培书东坡生日诗》等九件文物,书中对各项展品均有详细的说明。事实上,每次聚会,与会者也带了不少珍品陈列会场。第五次丙子寿苏会(公元 1937 年)刚巧是苏轼诞辰九百年,故聚会规模较大,长尾甲便准备了苏轼自绘的画像拓本复制品、四次《寿苏录》展品目录,皆赠予出席者。

从上可见,苏轼对日本的佛教、绘画、美术、文学及游艺都有深远的影响。自十九世纪开始,日本学者对他的作品的注释也愈来愈多,如赖襄的《韩苏诗钞》七卷(公元 1854 年)、土屋弘的《苏诗选详解》(公元 1917 年)、岩垂宪德、释清潭及久保天随的《国译苏东坡诗集》。近代的汉诗研究学者小川环树就注释了不少东坡诗,如《东坡佚注》(公元 1965 年)、《苏东坡集》(公元 1972 年)、《苏东坡诗选》(公元 1975 年)及《苏轼年谱》(公元 1983 年),可见苏轼的作品,不但为国人喜爱,更为东瀛文士诗酒聚会的精神大餐。昭和时代以后,有人继续举办赤壁会,弘扬传承先贤的古风。

三苏文化现今对美国文化的影响,不得不提到著名苏学家唐凯林女士。二十世纪八十年代,美国遴选30名大学生到中国交流,唐凯林便是其中一员,许多学者都选择到北大清华等中国一流知名学府。凭着对苏轼的一腔热情,唐凯林毅然奔赴了开设有苏学研究课程的四川大学,师从四川大学古籍研究所教授曾枣庄先生。留学期间,曾枣庄带领学生前往眉山三苏博物馆查阅文献,唐凯林第一次来到三苏故居三苏祠,实现了多年的愿望。后来唐凯林不仅顺利完成了她的博士论文《苏东坡的贬谪与回归》,还出版了个人专著《西方汉学界的苏轼研究》,在面向西方世界传播三苏文化的大平台上,发挥了积极的作用。唐凯林不仅致力于苏轼的研究,更注重三苏文化的传播,"中国学者把苏轼看作中国乃至世界文化史上的重要人物,希望不仅中国,而且世界各国文化艺术界的朋友,都能认知苏轼,欣赏他的作品,了解他在全人类文化历史上的地位和影响。遗憾的是,在中国以外的国家,除了少数汉学家和诗歌爱好者以外,大都还不能详细知道苏轼如何的伟大,对这位世界文化名人还缺乏应有的了解。"唐凯林如是说。

幸运的是,在英国牛津,有一个网站弥补了唐凯林的遗憾,这个网站就是英国牛津数字化目录 Oxford Digital Bibliographies。这里有范围广泛、题目众多的网页,它包括了古代、近代史,哲学、宗教、文艺、思想史、地理、科学、医学、传统近代社会问题、世界历史上的著名人物的介绍等题目。所有的题目都有书目和提要。在这个网页里,只要输入"SuShi",就会查到12个专栏和170条提要,专门介绍苏轼的生平与作品,这和唐凯林的努力是分不开的。当时,英国牛津网络管理人员找人写苏轼题目时,唐凯林和同事们很乐意地承担了这个任务和责任,他们查阅大量资料,请教西方苏学专家学者,事先定下大题目,选择专著,然后再确定小题目,逐一介绍评析入选的作品,一直和编辑密切配合,最终于2017年成功地在英国牛津网页上创建了"Su Shi"这个独特栏目,为在全世界宣传三苏文化,构筑了大型平台,为三苏文化走向世界搭建了国际桥梁。

纵观中国历史,三苏文化是一种非常独特的文化现象,是以苏轼为代表,三苏为主体,在丰富的人生经历、政治实践、文学创作、哲学研究、师友交游等形式中形成,聚集了政治、经济、文化、哲学、美学、历史、军事、地理等于一体,表现出具有传统儒家文化的致君尧舜爱国为民的仁爱精神、勇于担当刚直不阿的道家忠敬精神和平衡和谐刚柔兼济的佛家包容精神等丰富内涵,凝练成为具有国家富强、社会进步和人民幸福等时代价值的中华优秀传统文化的重要组成部分。它是三苏父子在接受中华文化的过程中孕育的、生发的,又在博通经史的过程中创造的,多元文化中兼容并举产生的新型文化。既丰富了中华文化,又彰显了自己的文化。特别是苏轼,在人生三起三落的曲折仕途中,能够把佛禅的"不二"、道家的"自然"和儒家的"安贫"融会贯通,运用自如,形成一种顺应天势自然、享用平等和谐、崇尚豁达潇洒的人生姿态,所以,说苏轼是个秉性难改的乐天派,一点不假。

在中国历代文人中,苏轼是一位天才,没有哪一个的文化造诣和文化成就能够超越他,无论诗歌、词曲、散文、书法、绘画、音乐舞蹈等艺术领域,还是在儒学经典、佛教道教、诸子百家,以及思想文化、天文博物、自然物理、医学养身、美食烹饪、架桥筑堤,乃至修房造屋、耕田种地、衣帽鞋履等方面,均有深刻的研究和卓越的建树。

上千年以来，不计其数的学者文人，对三苏文化的历史遗产如痴如醉，力图探明一个究竟。他们诠释、演绎、研究，试图把苏轼说全、说完、说透，但都不无遗憾。著名学者、复旦大学教授王水照先生曾为眉山三苏祠题词："说不全、说不完、说不透，永远的苏东坡"。

苏轼是中国人文主义的杰出代表，对中国文化产生了重大乃至根本性的作用，在世界范围内也产生了巨大影响。作为中华民族的优秀一分子，在苏轼身上，彰显了中国精神。2000年法国《世界报》评选出12位影响世界的"千年英雄"，苏轼是唯一入选的中国人。《人民日报》为此专门发表学者马为民的文章《西方人眼中的苏东坡》，国人立刻将学习国学的重点聚集到了苏轼的身上。在人民日报出版社出版的《习近平用典》中，引用古代名人名言名句最多的是苏轼，并将那些经典名言名句分别辑录，如为政篇、劝学篇、廉政篇、辩证篇。在现行中小学课文中，三苏文化的内容占去古文学习的重要部分。学习苏轼深邃的哲学思想、卓越的政治实践、辉煌的文学成就、丰富的人生体验，是当代大学生的一门必修课。

注释

①东坡一日退朝，食罢，扪腹徐行，顾谓侍儿曰："汝辈且道是中何物？"一婢遽曰："都是文章。"坡不以为然。又一婢曰："满腹都是识见。"坡亦未以为当。至朝云乃曰："学士一肚皮不合时宜。"坡捧腹大笑。（宋费衮《梁溪漫志》）

②婉约派词作以离情别绪、伤春悲秋、抒写个人的愁绪为主要内容，音律能配合演唱。代表人物为柳永（《雨霖铃》）、李清照（《声声慢》）、秦观（《鹊桥仙》）、周邦彦等。

③豪放派开拓了宋词的题材及内容，在写法上以诗为词。风格刚劲，境界宏大，不拘格律。多抒写理想抱负，抒爱国情怀。代表人物为苏轼（《念奴娇·赤壁怀古》）、辛弃疾等。

④辛派词人，指的是南渡前后词风与辛弃疾相似或相近的作家。既包括早于辛弃疾的南渡初期作家张元幹、颖孝祥等，也包括和辛弃疾同时或后于辛弃疾在作词方面追步辛弃疾的作家陈亮、刘过等人。他们都以浓郁的爱国激情和慷慨悲壮的词风，共同促成了苏、辛词派的形成，成为词史上一笔宝贵的精神财富，为宋词的发展作出了自己的贡献。

⑤湖州画派也名湖州竹派，是中国画流派之一，代表人物有北宋文同、苏轼等。

⑥洙泗，即洙水和泗水。古时二水自今山东省泗水县北合流而下，至曲阜北，又分为二水，洙水在北，泗水在南。春秋时属鲁国地。孔子在洙泗之间聚徒讲学。后因此以"洙泗"代称孔子及儒家。

⑦高丽（公元918年—1392年），又称高丽王朝、王氏高丽，是朝鲜半岛古代国家之一。公元918年，泰封君主弓裔部下起事，拥立王建为王，935年合并新罗，936年灭后百济，实现了"三韩一统"。高丽都城为开京（今朝鲜开城）。

⑧《世界报》是法国主要日报之一。1944年在以戴高乐为首的法国临时政府授意下，由伯尔·伯夫-梅里联合30名青年记者在巴黎合资创办，梅里担任社长。该报侧重政治和外交报

道,对国际重大事件反应灵敏,内容丰富,分析性的稿件较多,社论较有分量,登在头版,往往反映政府的观点。现有工作人员300人,驻外记者约20多人。日发行量36万份,其中20%销往国外,是法国在国外发行量最大的日报。

⑨二程,即程颢和程颐,河南洛阳人,他们的学说也称为"洛学",与同时代的张载所创的"关学"颇有渊源,二者理学思想对后世有较大影响,南宋朱熹正是继承和发展了他们的学说。他们的理学思想主要见于《遗书》《文集》和《经说》等,均收入《二程集》中,中华书局1981年出版该书校点本。

苏轼年谱

宋仁宗景祐三年(1036年)丙子 出生

十二月十九日(1037年1月8日),苏轼生于眉州(今四川省眉山市东坡区)。

此年父苏洵28岁,母程氏27岁。范仲淹48岁,欧阳修30岁,司马光18岁,曾巩18岁,王安石16岁,程颐4岁,章惇2岁。范仲淹因反对宰相吕夷简而被贬饶州,欧阳修因支持范仲淹而被贬夷陵。

宝元元年(1038年)戊寅 3岁

苏轼兄苏景先去世。西北地区的元昊称帝,国号夏,史称西夏。西夏在宋夏战争与辽夏战争中大致获胜,形成三国鼎立的局面。

此年司马光进士及第。

宝元二年(1039年)己卯 4岁

弟苏辙生于二月二十日。

庆历二年(1042年)壬午 7岁

苏轼始知读书。

此年王安石、韩绛进士及第。

庆历三年(1043年)癸未 8岁

苏轼始入乡校,跟从道士张易简读书,参知政事(副宰相)范仲淹,主持"庆历新政"。听说当年有范仲淹、韩琦、富弼、欧阳修四位"人杰",从此敬慕。

庆历五年(1045年)乙酉 10岁

苏洵东游京师,拟应次年的"制科"考试。

苏轼从母亲程夫人读《汉书》,程氏以古代贤臣事迹激励苏轼奋发有为,"奋发有当世志"。

此年,范仲淹、韩琦、富弼、欧阳修等相继被排斥出朝廷,"庆历新政"历时1年4个月中断失败,各项改革被废止。

黄庭坚生。

庆历七年(1047年)丁亥 12岁
苏洵科举落第,南游庐山等地。五月,苏轼祖父苏序去世,苏洵闻讯返家,自此居丧读书,教养二子,并作《名二子说》勉之。
此年蔡京生。

皇祐元年(1049年)己丑 14岁
秦观生。

皇祐二年(1050年)庚寅 15岁
苏轼姊苏八娘嫁表兄程之才。

皇祐四年(1052年)壬辰 17岁
苏八娘嫁后郁郁不乐,与夫家矛盾,卒。苏程两家绝交。
此年范仲淹卒。

皇祐五年(1053)癸巳 18岁
晁补之生。陈师道生。

至和元年(1054年)甲午 19岁
苏轼娶青神县乡贡进士王方之女王弗为妻。益州(今四川成都)知州张方平到任,访求当地贤人,始知苏洵。
张耒生。

至和二年(1055年)乙未 20岁
苏洵上书张方平,苏轼跟随父亲至成都,谒见张方平,大受赏识。现知苏轼最早的古文《正统论》作于此年,乃继承发挥欧阳修《正统论》之观点而作。此时苏轼正准备科举应考,故除父亲苏洵外,又以欧阳修文章为典范,努力学习。

嘉祐元年(1056年)丙申 21岁
张方平致书欧阳修,推荐苏洵。苏轼、苏辙随父进京,通过开封府的"解试",获得次年礼部"省试"的参加资格。欧阳修任翰林学士,读苏洵文,认为当今古文第一,遂荐苏洵于朝。

嘉祐二年(1057年)丁酉 22岁
欧阳修主持礼部"省试",读苏轼应试文《刑赏忠厚之至论》,极为叹赏,但误以为此文乃弟子曾巩所作,为了避嫌,抑置第二名。苏轼、苏辙又参加仁宗皇帝在崇政殿亲自主持的"殿试",双双进士及第。三苏父子名动京师。苏轼作《谢欧阳内翰书》《上梅直讲书》等感谢考官,欧阳修读苏轼书,不觉汗出,认为自己应当避路,"放他出一头地"。欧阳修接见苏轼,赋予他领导文坛之责任。母程氏卒于眉山,父子三人回蜀奔丧,兄弟俩丁忧三年(27个月)。

此年曾巩、曾布、张载、程颢、吕惠卿、朱光庭、林希、刘庠等同登进士及第,状元章衡。蔡卞生。

嘉祐四年(1059年)己亥 24岁

苏轼、苏辙为母亲守孝期满,随父亲苏洵沿岷江、长江东下,再赴开封,岁末至湖北江陵,父子三人一路唱和诗歌编成《南行前集》,苏轼作序。

此年章惇、刘挚进士及第。

嘉祐五年(1060年)庚子 25岁

苏轼回朝,授官河南府福昌县主簿,未赴任。经欧阳修等推荐,准备参加次年举行的"制科"考试,名为"贤良方正能直言极谏科"。按规定,须提前一年交上50篇策论,谓之"贤良进卷"。苏轼的"贤良进卷"后来编入《应诏集》,包括《留侯论》《贾谊论》等25篇"论"和《策略》《安万民》《教战守》等25篇"策",其中多有策论名作,全部在此年完成。

嘉祐六年(1061年)辛丑 26岁

苏轼与弟苏辙一起参加"制科"考试,连名并中,苏轼入三等。欧阳修叹为"自前未有,盛事盛事",仁宗皇帝认为自己给子孙找了两位宰相。苏轼授官大理评事、凤翔府签判,十一月赴任。苏辙授商州军事推官,但负责起草任命状的知制诰王安石封还诏命,苏辙遂辞官不赴,留京侍父。苏轼赴任途中有诗《和子由渑池怀旧》等。

嘉祐七年(1062年)壬寅 27岁

苏轼在凤翔府签判任,有《凤翔八观》《喜雨亭记》。秋日至长安。与章惇一起主持永兴军路、秦凤路"解试"。

嘉祐八年(1063年)癸卯 28岁

苏轼在凤翔府签判任,有《凌虚台记》。

此年三月仁宗皇帝驾崩,英宗即位。八月王安石母卒,苏洵不赴吊,作《辨奸论》讽刺之。

宋英宗治平元年(1064年)甲辰 29岁

年初,苏轼与章惇同游终南山。年末,苏轼凤翔府签判任满,转官殿中丞,启程归京。

治平二年(1065年)乙巳 30岁

苏轼自凤翔府归京,转殿中丞判闻鼓院,召试馆职,除直史馆,参与撰史。

五月,妻王弗卒于京师。

此年宋廷议论英宗生父濮安懿王称号,宰相韩琦、参知政事欧阳修,与天章阁待制司马光、御史吕诲、范纯仁等激烈争论,史称"濮议"。

治平三年(1066年)丙午 31岁

苏洵卒于京师,苏轼、苏辙护丧返蜀。

治平四年(1067年)丁未 32岁

苏轼居乡,为父亲服丧。

此年宋英宗驾崩,神宗即位。欧阳修罢参知政事,出知亳州。黄庭坚进士及第。

宋神宋熙宁元年(1068年)戊申 33岁

苏轼、苏辙服丧期满,苏轼续娶王闰之,一家离蜀赴京,自此不再回乡。年末至长安,拜见韩琦。

此年神宗召见翰林学士王安石,酝酿"变法"。

熙宁二年(1069年)己酉 34岁

二月,王安石任参知政事,设立"制置三司条例司",议行新法,主持"变法"。苏轼、苏辙至京。王安石认为苏轼与自己"学术素异",除"判官告院"闲职。苏辙上书论政,任条例司检详文字。四月,诏令臣僚议论科举改革。六月,苏轼奏上《议学校贡举状》,反对王安石变法之一的"贡举法",废明经、存进士的教育改革弊端,得神宋召对。御史中丞吕诲弹劾王安石,被逐出朝廷,出知邓州。秋,苏轼为国子监考官,所出策题讽刺王安石。苏辙主动离开"条例司"。司马光荐苏轼为谏官,神宗数次欲起用苏轼,皆被王安石阻止。冬,苏轼权开府推官,作《上神宗皇帝书》万言,全面驳斥"新法"。

此年苏轼作《石苍舒醉墨堂》等诗。

熙宁三年(1070年)庚戌 35岁

判大名府韩琦奏疏青苗法害民,苏轼作《再上皇帝书》,要求罢免王安石。神宗皇帝贬黜群官,扶持王安石。苏轼上《拟进士对御试策》,继续反对"新法"。苏辙出任陈州州学教授。御史谢景温(王安石亲家)诬奏苏轼贩卖私盐,查无实据。

此年曾巩出任越州通判,苏轼作《送曾子固倅越得燕字》。王安石拜相。

熙宁四年(1071年)辛亥 36岁

五月,苏轼在京作《净因院画记》。六月,得杭州通判差遣,离京赴任,途经陈州,与弟苏辙相聚。九月离陈州,苏辙送至颍州,作《颍州初别子由二首》。在颍州拜谒欧阳修,作《欧阳少师令赋所蓄石屏》《陪欧阳公宴西湖》等诗。继续东行,沿途作《出颍口初见淮山,是日至寿州》《濠州七绝》《泗州僧伽塔》《龟山》《游金山寺》等诗。十一月至杭州,作《初到杭州寄子由二绝》。

此年司马光因反对"新法",罢归洛阳。

熙宁五年(1072年)壬子 37岁

苏轼在杭州通判任,作《戏子由》等诗,讽刺"新法"。游览西湖,作《六月二十七日望湖楼醉书五绝》。七月巡行属县,八月任进士"解试"考官,作《送杭州进士诗叙》,反对"新学"独断学术。时卢秉提举两浙盐事,严禁贩卖私盐。十二月,苏轼受命监视开挖"运盐河"工程,又至湖州考察堤岸,作《吴中田妇叹》《赠孙莘老七绝》等,指责并抗拒"新法"。

此年欧阳修卒,苏轼有《祭欧阳文忠公文》。又有《浪淘沙·昨日出东城》,苏轼词中可以考订写作时间的最早作品。

熙宁六年(1073年)癸丑 38岁

苏轼在杭州通判任,逢大旱灾年,苏轼赈济灾民,安上门监郑侠画《流民图》,作《论新法进流民图疏》,请求停止王安石变法,中书省拒绝向上传达,郑侠又设法直接呈给神宗皇帝,神宗皇帝看后也不能寐,下"责躬诏"。王安石认为"水旱常数,尧、汤所不免",司马光又上《应诏言朝廷阙失状》。作《饮湖上,初晴后雨二首》《新城道中二首》《有美堂暴雨》《八月十五日看潮五绝》诸诗,又作《山村五绝》《和述古冬日牡丹四首》讽刺"新法"。冬日,至常、润、苏、秀等州赈济灾民,有《除夜野宿常州城外二首》。

此年朝廷设立"经义局",在宰相王安石主持下,修订《诗经》《尚书》《周礼》三经解释,谓之"三经新义",以为科举"经义"标准。沈括察访两浙路农田、水利、差役等事,至杭州,搜集苏轼近作,注明其讥刺"新法"含义,回朝奏上。刘安世、张耒登进士第。

熙宁七年(1074年)甲寅 39岁

苏轼在杭州通判任,纳侍妾王朝云。九月,知密州,离杭赴任,途径高邮,始读秦观诗词,盛赞之。十一月至密州。

此年大旱,流民多入京,京师监门官郑侠绘《流民图》上进,乞斩宰相王安石,被编管,但王安石亦由此罢相,出知江宁府。王安石同年韩绛任宰相,苏轼同年吕惠卿任参知政事,继续施行"新法"。吕惠卿师心自用,引起朝中大臣不满。

熙宁八年(1075年)乙卯 40岁

苏轼在密州知州任,作《蝶恋花·密州上元》,怀念杭州;又作《江城子·乙卯正月二十日夜记梦》,怀念前妻王弗;又作《江城子·密州出猎》,为第一首豪放词。在居所附近筑超然台,作《超然台记》,并邀弟苏辙、画家文同、弟子张耒等共作《超然台赋》,又邀司马光作《超然台诗》。

此年王安石复相,吕惠卿罢参知政事,王、吕不和。"三经新义"正式颁行。

熙宁九年(1076年)丙辰 41 岁

苏轼在密州知州任,有《望江南·超然台作》。八月中秋,作《水调歌头·明月几时有》。九月,移知河中府,十一月作《李氏山房藏书记》,离密州赴任。密州士民在城西彭氏园中供苏轼肖像,岁时拜谒。

此年王安石罢相,居江宁府。宋神宗亲自主持续行"新法"。

熙宁十年(1077年)丁巳 42 岁

二月,改知徐州,至京师,有旨苏轼不许入国门苏辙至澶、濮之间迎候。寓居开封城外范氏园,驸马王诜送唐人韩干画马,作《书韩干牧马图》诗。四月,与苏辙乘舟沿汴河东下,五月至徐州任,作《司马君实独乐园》《宿逍遥堂追感前约二首》《和子由会宿两绝》等诗。留苏辙过中秋后,送辙赴南京留守签判任,作《初别子由》诗。七月,黄河决堤,水至徐州城下,苏轼亲率军民筑堤抗灾。十月,作《表忠观碑》。

此年高丽使者过杭州,购买苏轼集子而去。苏轼在杭州已出版《苏子瞻学士钱塘集》,此年前后又有《眉山集》问世,王安石罢相退居,曾读此集。

元丰元年(1078年)戊午 43 岁

苏轼在徐州知州任,春旱得雨,至石潭谢神,有《浣溪沙》五首。八月,在州城东门之上,筑成一座黄楼,以纪念去年抗灾。九月初九日举行落成典礼,有《九日黄楼作》诗,并请苏辙、秦观作《黄楼赋》,陈师道作《黄楼铭》。十月,作《日喻》,否定科举改革。十一月,有《放鹤亭记》《庄子祠堂记》。

此年黄庭坚开始寄诗来求教,苏轼作《次韵黄鲁直见赠古风二首》;秦观入京参加科举考试,路过徐州,来访,有诗赠苏轼,苏轼作《次韵秦观秀才见赠》;云门宗禅参寥子道潜亦来访,苏轼作《次韵僧潜见赠》《次韵潜师放鱼》《次韵参寥师寄秦观三绝》《百步洪二首》《送参寥师》等诗。

元丰二年(1079年)己未 44 岁

三月,苏轼移知湖州,有《江城子·别徐州》《西江月·平山堂》等词,《罢徐州往南京马上走笔寄子由五首》《舟中夜起》等诗。途经高邮,载秦观、道潜一同至湖州,颇多唱和。六月,因御史中丞李定率御史舒亶、何正臣等弹劾苏轼诗语讥讽朝廷,指责皇帝,自湖州任上被拘捕入京。八月至京,系于御史台狱,作《狱中寄子由二首》。十二月结案出狱,诏贬检校水部员外郎、充黄州团练副使,本州安置。史称"乌台诗案"。苏辙被牵连,责监筠州(今江西高安)盐酒税,司马克等被罚金。

此年苏轼表兄画家文同(字与可)卒,苏轼作《祭文与可文》《文与可画筼筜谷偃竹记》。晁补之登进士第。

元丰三年(1080年)庚申 45 岁

正月初一自京师出发,途经陈州,晤苏辙,有《子由自南都来陈,三日而别》诗。将家眷托付苏辙,独自赴黄州,沿途有《蔡州道上遇雪三首》《过淮》《梅花二首》等诗。二月初一至黄州,有《初到黄州》诗。寓居定惠院,撰作《易传》《论语解》。与司马光、章惇、秦观等书。五月,苏辙送苏轼家眷至黄州,迁居临皋亭。与苏辙游赤壁,辙有《赤壁怀古》诗,轼作《念奴娇·赤壁怀古》词。辙留伴 10 日后别去,轼有《次韵答子由》诗送别。自冬至日起,苏轼借天庆观道堂三间,斋居 49 日。岁末,有答秦观书。

此年宋廷始议改革官制事,王安石封荆国公。

元丰四年(1081年)辛酉 46 岁

苏轼贬居黄州,有《正月二十日往岐亭,郡人潘、古、郭送余于女王城东禅庄院》《方山子传》等。开始经营东坡,作《东坡八首》。李廌始与苏轼通信,继而来黄州求教。陈师道居徐州,其兄陈传道将苏轼在密州、徐州的作品分别编成《超然集》《黄楼集》,来信要求出版,被苏轼婉言拒绝。

此年宋神宗决策以五路兵进攻西夏,在庆州击溃夏军,占领西夏两千多里土地。神宗大喜,决定乘胜追击。又欲召苏轼修《国史》,被执政所阻,遂改召曾巩。但神宗方年轻,喜读才气横溢的苏轼文,不喜严谨温厚的曾巩文,故对曾巩所撰不满,益想念苏轼。

元丰五年(1082年)壬戌 47 岁

苏轼贬居黄州,有《正月二十日与潘郭二生出郊寻春,忽记去年是日同至女王城作诗,乃和前韵》《红梅三首》《寒食雨二首》等诗,《定风波·莫听穿林打叶声》《浣溪沙·山下兰芽短浸溪》词。《寒食雨二首》之墨迹,即传世的"黄州寒食诗帖",历来被评为宋代行书第一。东坡雪堂筑成,居之,自号东坡居士,作《雪堂记》。云门宗禅僧佛印了元开始与苏轼通信,苏轼为之作《怪石供》。于秋、冬两次游赤壁,作前后《赤壁赋》。怀念欧阳修,作《醉翁操》词,又作《洞仙歌·冰肌玉骨》。

此年宋与西夏交战,宋兵大败于永乐城。神宗颇受打击,精神身体开始不佳,不再轻言开战。从此对"旧党"人物常有示好之意。新官制颁布施行,神宗曾欲借此机会起用苏轼,被大臣阻止。

元丰六年(1083年)癸亥 48 岁

苏轼贬居黄州,有《六年正月二十日复出东门仍用前韵》《初秋寄子由》《东坡》等诗,《水龙吟·次韵章质夫杨花词》《临江仙·夜归临皋》等词,曾巩去世,苏轼正好得眼病,逾月不出门,传闻遂误谓苏轼去世,神宗叹息久之。参寥子道潜来访。李格非(李清照父)可能亦于此年来访。十月十二日夜,有《记承天寺夜游》。

此年西夏攻宋,宋兵败求和。筠州知州请苏辙暂兼州学教授,因所作策题违反"三经新义"主旨,被国子监官员劾罢。

元丰七年(1084年)甲子 49岁

正月,宋神宗亲出御札,令苏轼移任汝州团练副使、本州安置。苏轼于四月离黄州,作《别黄州》诗、《满庭芳·归去来兮》词。乘舟沿江东下,至九江,二十四日夜宿庐山北麓圆通寺。五月至筠州访苏辙,相聚十日而别,作《别子由三首》。回程再游庐山,由道潜陪同,最后至东林寺参临济宗黄龙派常总禅师,作《初入庐山三首》《庐山二胜》《题西林壁》《赠东林总长老》等诗。六月,在湖口作《石钟山记》。七月,赴汝州过江宁府,见王安石,相谈甚欢,有《次荆公韵四绝》诗,别后有《与王荆公二首》书。继至镇江金山寺,访佛印了元禅师。至常州宜兴县,买田安家。赋《菩萨蛮·买田阳羡吾将老》。十月至扬州,上表请改常州居住。至高邮,会秦观,有《高邮陈直躬处士画雁》诗,又赋《虞美人·波声拍枕长淮晓》别秦观。十二月抵泗州,再上《乞常州居住表》,遣人至南都应天府(今河南商丘)投呈,有《题雍秀才画草虫八物》《泗州除夜雪中黄师是送酥酒二首》诗。

此年司马光完成《资治通鉴》撰修。苏辙起知歙州绩溪县。

元丰八年(1085年)乙丑 50岁

正月离泗州,至南都应天府,得知朝廷已同意其常州居住之请求。三月,宋神宗驾崩,哲宗继位,太皇太后高氏垂帘听政,起用司马光、范纯仁等。苏轼在南都作《神宗皇帝挽词》。四月启程归常州。五月一日途经扬州,作《削刀宜兴留题竹西寺》诗,六日有诏苏轼恢复官爵,起知登州。苏轼于六月得诏,七月自常州北上,中秋夜在镇江金山寺。八月下旬渡淮河,作《杨康功有石,状如醉道士,为赋此诗》。九月十八日,诏苏轼回朝任礼部郎中。此月苏轼过密州,再游超然台,海行赴登州。十月十五日抵登州知州任,二十日得礼部郎中诏。在登州有《登州海市》《书吴道子画后》。十一月启程赴京师,途径青州,与李定"相见极欢"。十二月至京,任起居舍人。有《惠崇春江晓景二首》《答张文潜县丞书》等。

此年秦观登进士第。苏辙以右司谏召回朝廷。

宋哲宗元祐元年(1086年)丙寅 51岁

苏轼在京师。司马光主政,尽废"新法",斥逐"新党",史称"元祐更化"。闰二月,科举恢复诗赋考试,作《复改科赋》。三月,免试除中书舍人。四月,王安石卒,起草《王安石赠太傅制》,褒奖之。兼"详定役法",以为不当废除"免役法",与司马光意见不合。六月,经苏辙连续弹劾,吕惠卿贬建宁军节度副使、本州安置、不得签办公事,苏轼起草制书。八月,司马光同意复行

"青苗法",苏轼反对。九月一日,司马光卒,程颐主丧事,苏轼不满,常戏谑之,遂结怨。作《祭司马君实文》《司马温公行状》。十二日,任翰林学士,举黄庭坚自代,荐秦观应贤良方正能直言极谏科。与黄庭坚等游太乙宫,御史孙升恐苏轼拜相,上奏言,苏轼只可任翰林学士,不可执政。十一月,学士院考试馆职,苏轼为考官,撰《试馆职策题》。十二月,御史朱光庭弹劾苏轼策题语涉讥讽,苏轼上《辩试馆职策问札子二首》之一,为自己辩护。

元祐二年(1087年)丁卯 52岁

苏轼在京任翰林学士,正月十七日,再上《辩试馆职策问札子二首》之二。执政范纯仁认为苏轼无罪,御史中丞傅尧俞、御史王岩叟、朱光庭等坚持苏轼有罪,甚至当面斥责太皇太后包庇苏轼。此事至二十七日平息,但"旧党"内部党争自此走向激烈,朝臣分裂为"朔党""蜀党""洛党",迭相攻轧,史称"洛蜀党争",而苏轼为"蜀党"之首。八月,兼侍读学士,为哲宗皇帝讲课。十二月,御史赵挺之(赵明诚父)弹劾苏轼。

此年,苏辙升户部侍郎,程颐被逐回洛阳。

元祐三年(1088年)戊辰 53岁

苏轼在京,正月司马光下葬,苏轼撰《司马温公神道碑》,以翰林学士差知贡举,苏轼主持科举"省试",二十一日入试院,三月放榜。苏轼取章援(字致平)为省元,乃章惇子。因党争不绝,屡遭台谏攻击,上章启郡。

元祐四年(1089年)己巳 54岁

苏轼在京师,二月遭御史弹劾,三月以龙图阁学士知杭州,四月离京赴任,行前应范纯仁请求,作《范文正公集叙》。秦观弟秦觐从苏轼学,随行,七月至杭州任。十月兴工浚治西湖,十一月又因浙西义州旱灾,奏请赈济。

此年范纯仁罢相,苏辙为翰林学士、吏部尚书,出使辽国,见苏轼《眉山集》已传至彼邦。

元祐五年(1090年)庚午 55岁

苏轼任杭州知州,继续奏请赈济,创建公共医院,疏浚西湖,筑成西湖"苏堤"。有《安州老人食蜜歌》《问渊明》等诗,《六一泉铭》等文。

此年苏辙出使归,任御史中丞,宰相吕大防、执政刘挚欲采"调停"政策,允许"新党"入朝,因苏辙激烈反对而罢。秦观自蔡州奉诏进京,任秘书省校正黄本书籍。

元祐六年(1091年)辛未 56岁

苏轼任杭州知州,正月以吏部侍郎召回朝廷。二月,苏辙为尚书右丞(副宰相),避亲嫌(兄弟同官尚书省),改任苏轼为翰林学士承旨。三月离杭州,五月至南都应天府,上《杭州召还乞郡状》,朝廷未许,又命兼侍读学士。至京,寓居苏辙东府(宰执官署)。在京作《黠鼠赋》《六一居士文集叙》《圣散子后叙》《上清储祥宫碑》《漱茶说》等文。"洛党"贾易弹劾不已,苏轼自辩,朝廷两罢之。八月,苏轼以龙图阁学士知颍州,作《感旧诗》别苏辙。闰八月至颍州任,代陆佃(陆游祖父),陈师道、赵令畤在属下,欧阳修子欧阳棐、欧阳辩亦居此,时有唱和,后来由赵令畤编成《汝阴唱和集》。作《颍州祭欧阳忠公夫人文》《赵德麟字说》《洞庭春色赋》《秋阳斌》等,并因滁州知州请求,大书欧阳修《醉翁亭记》刻石,拓本今存。

此年刘挚拜相,苏辙执政。因左、右相吕大防、刘挚不和,朝臣再次组成朋党相攻,苏臣较倾向吕大防,刘挚罢相。

元祐七年(1092年)壬申 57岁

苏轼任颍州知州,正月移知郓州,又改扬州。三月到任,时晁补之为扬州通判,有唱和。在扬州作《潮州韩文公庙碑》《石塔戒衣铭》等文,又有《和陶饮酒二十首》,为和陶诗之始。七月,以兵部尚书充南郊卤簿使,召回朝,继又兼侍读学士。九月至京师,十一月任端明殿学士,翰林侍读学士、礼部尚书。

此年苏辙进门下侍郎,程颐服父丧期满,欲入朝,被苏辙所阻,闲置洛阳。

元祐八年(1093年)癸酉 58岁

苏轼在京任职,作《书丹元子所示李太白真》《乞校正陆贽奏议上进札子》等。御史黄庆基弹劾苏轼、苏辙,被逐。苏轼自请外任,六月得命知定州。八月,妻王闰之卒。九月离京,有《东府雨中别子由》诗,欧阳棐、张耒、李廌等人为苏轼饯行,李之仪随至定州为幕僚,书童高俅留驸马王诜家。十月至定州,有《雪浪石》《鹤叹》诗。

此年九月,太皇太后高氏崩,宋哲宗亲政。范纯仁再次拜相。

元祐九年即绍圣元年(1094年)甲戌 59岁

苏轼在定州任知州,作《中山松醪赋》《雪浪斋铭》。宋哲宗行"绍述"之政,恢复神宗"新法",改元"绍圣",罢免吕大防、范纯仁、苏辙,召回章惇、曾布、蔡卞。苏轼于四月剥夺端明殿学士、翰林侍读学士职,以左朝奉郎知和州,又改英州,又降官左承议郎。闰四月离定州,六月责授宁远军节度副使、惠州安置。遂留家属于宜兴,与侍妾朝云、幼子苏过赴岭南。十月至惠州。

此年苏辙于三月罢执政,出知汝州,六月降官知袁州,七月贬筠州居住。秦观谪监处州茶盐酒税。朝臣张舜民出使辽国,知范阳书肆已出版《大苏小集》。

绍圣二年(1095年)乙亥 60岁

苏轼贬居惠州,作《上元夜》《龙尾石砚寄犹子远》《真一酒》《游博罗香积寺》等诗。三月,表兄程之才以广南东路提点刑狱使巡行至惠州,苏轼复居合江楼。作《四月十一日食荔支》《荔支叹》《六月十二日酒醒步月理发而寝》《食槟榔》《江月五首》《小圃五咏》《残腊独出二首》等诗,《虔州崇庆禅院新经藏记》《葬枯骨疏》等文。

此年黄庭坚贬黔州。沈括卒。

绍圣三年(1096年)丙子 61岁

苏轼贬居惠州,有《新年五首》《食荔支二首》及和陶诗多首。四月,复迁嘉祐寺,始营白鹤新居,作《迁居》《纵笔》诗。七月,侍妾朝云卒,八月葬于栖禅寺松林中,作《朝云墓志铭》《悼朝云》《惠州荐朝云疏》。九月,有《丙子重九二首》。冬日作《西江月·梅花》词悼朝云。

此年前后,参寥子道潜遭两浙路转运使吕温卿(吕惠卿弟)迫害,剥夺僧籍,还俗,编管兖州。

绍圣四年(1097年)丁丑 62岁

苏轼贬居惠州,有《录诗寄范纯父》:丁丑二月十四日,白鹤峰新居成,自嘉祐寺迁入,咏渊明《时运》诗云:"斯晨斯夕,言息其庐。"似为余发也。长子迈予余别三年矣,携诸孙万里远至,老朽忧患之余,不能无欣然。朝廷追贬"元祐党人",闰二月,苏轼贬琼州别驾、昌化军(儋州)安置。四月离惠州,途中遇苏辙,同行至雷州。六月,别弟渡海。七月至儋州,居桄榔林下,作《桄榔庵铭》,又有《儋耳山》《夜梦》《迁居之夕,闻邻舍儿诵书,欣然而作》及和陶诗多首。张中知昌代军到任,请苏轼居官舍。

此年苏辙责授化州别驾,雷州安置。秦观编管横州。佛印了元圆寂,吕大防、刘挚贬死。

元符元年(1098年)戊寅 63岁

苏轼贬居海南,二月以《沉香山子赋》祝苏辙60岁生日。三月,作《众妙堂记》。朝廷遣董必察访两广,将苏辙移循州安置,将苏轼逐出官舍。苏轼于城南置地,筑室五间,当地士人多助之。九月,有《试笔自书》《书海南风土》等小品文。

此年秦观移送雷州编管。

元符二年(1099年)己卯 64岁

苏轼贬居海南,苏轼与当地士人、黎民交往游,琼州人姜唐佐向苏轼问学。作《书上元夜游》《十八大阿罗汉颂》《学龟息法》《书杜子美诗后》《记海南菊》等文,《被酒独行,遍至子云、威、徽、先觉四黎之舍三首》《纵笔三首》及和陶诗多首,《减字木兰花·己卯儋耳春词》《千秋岁·次韵少游词》。

此年刘庠孙刘泂过海来访,呈其所编苏轼诗文20卷。在章惇主持下,宋与西夏连年作战,至此年,西夏请罪。黄河决口。

元符三年(1100年)庚辰 65岁

苏轼贬居海南。正月,有《庚辰岁人日作,时闻黄河已复北流,老臣旧数论此,今斯言乃验二首》诗。宋哲宗崩,弟端王赵佶继位,即宋徽宗,向太后同听政。二月,诏苏轼移廉州安置。

四月,又授舒州团练副使、永州居住。六月离海南,有《汲江煎茶》《儋耳》《别海南黎民表》《澄迈驿通潮阁二首》《六月二十日夜渡海》诗,至雷州、晤秦观,与秦观别于海康。七月至廉州,有《书合浦舟行》。八月得永州居住诏令,离廉州。十月至广州。十一月,诏苏轼复官朝奉郎、提举成都府玉局观、在外州军任便居住。离广州北上,有《答谢民师书》。

此年秦观卒。苏辙北归至颍昌府。章惇、蔡卞罢免,蔡京落职居杭州。曾布拜相。

宋徽宗建中靖国元年(1101 年)辛巳 66 岁

苏轼在北归途中,正月过大庾岭,有《赠岭上老人》《赠岭上梅》《予昔过岭而南,题诗龙泉钟上,今复过而北,次其韵》《过岭二首》诸诗,至南安军、虔州,作《刚说》《南安军学记》等。晤刘安世。三月离虔州,至南昌。四月至南康军,与刘安世同入庐山。过湖口、池州、芜湖,抵当涂,五月至江宁府、真州,本欲赴颍昌府与苏辙聚,后决定往常州。六月如病,瘴毒大作,舟赴常州,上表请老,以本官致仕。七月,径山维琳禅师来访,二十六日作《答径山琳长老》,为绝笔。二十八日卒。

此年章惇贬雷州司户参军。蔡京与宦官童贯结盟,深得宋徽宗信任。此后主政二十余年。

范纯仁、陈师道卒。参寥子道潜恢复僧籍。黄庭坚在北归途中,留滞荆州,后于崇宁四年(1105 年)九月三十日贬死宜州。

苏辙闲居颍昌府,至政和二年(1112 年)十月三日卒。